Faszinierendes

MAROKKO

Menschen · Kultur · Städte · Landschaften

المغرب الخلّابة

Faszinierendes
MAROKKO

Menschen · Kultur · Städte · Landschaften

المغرب الخلاّبة

Fotos von Sybille Sarnow
und Wolfgang Seelig

Text von Muriel Brunswig-Ibrahim

Vorwort von Tahar Ben Jelloun

PALMYRA

Sybille Sarnow und Wolfgang
Seelig widmen dieses Buch
Traudl und Ulli.

Bibliographische Information der Deutschen Bibliothek

Die Deutsche Bibliothek verzeichnet diese Publikation in der Deutschen Nationalbibliographie; detaillierte bibliographische Daten sind im Internet unter www.dnb.ddb.de abrufbar.

Originalausgabe

Hauptstraße 64, 69117 Heidelberg
Telefon 06221/165409
Telefax 06221/167310
E-Mail: palmyra-verlag@t-online.de
www.palmyra-verlag.de

Lektorat: Georg Stein und Christa Schönrich
Umschlaggestaltung: Michael Kleinböhl
Umschlagfoto: Kasbah Amerdihil
Satz und Layout: Michael Kleinböhl
Arabische Schriftzüge: Ismat Amiralai
Karte von Marokko: Volker Schniepp
Vorsatz: Das Stadttor Bab Boujeloud in Fes
Nachsatz: Der See Dayet Srji bei Merzouga im Gebiet des Erg Chebbi
Foto Rückseite: Junge Berberfrau aus dem Mittleren Atlas
Druck und Bindung: TZ Druck & Print, Roßdorf
Printed in Germany
ISBN 3-930378-62-0

Der Text des Vorworts von Tahar Ben Jelloun erschien erstmals im Januar 1987 in der Zeitschrift *Merian*. Er wurde für diese Ausgabe überarbeitet und aktualisiert.

Fotonachweis:
dpa Picture-Alliance: 14 (Doris Poklekowski), 214 (UPI/New York Times), 217 (Eduardo Abad); Lutz Jäkel: 175 oben; alle anderen Fotos in diesem Bildband sind von Sybille Sarnow und Wolfgang Seelig.

Inhalt

Rechts: Winter im Hohen Atlas.

Marokko
Land der Gegensätze

المغرب:
بلد المتناقضات

Vorwort von Tahar Ben Jelloun

Marokko, sagt man, ist ein Land der Gegensätze, ein Einfallstor nach Afrika und ein Fenster nach Europa, ruhig daliegend zwischen Mittelmeer und Atlantik, ein Ort der Begegnung und des Dialogs zwischen den Kulturen und Religionen, eine Region extremer Klimata, sehr trocken und sehr feucht, sehr heiß und sehr kalt; Marokko, so sagt man, ist ein Löwe, ist der Raum für eine bewegte Geschichte und eine reiche, vielfältige und rebellische Phantasie.

Man sagt vieles, und alles ist wahr, aber doch viel zu allgemein, um dieses Land zu beschreiben. Marokko ist ein komplexes Ganzes voller Widersprüche, voller gegensätzlicher Sichtweisen, ein offenes Buch, das die Unbeständigkeit der Zeit und die Vielfalt des Raumes geschrieben haben und aus dem mit verschiedenen Stimmen gelesen wird.

Ich würde sagen, dass Marokko einer Zimmerflucht gleicht, deren Türen sich öffnen, wenn man durch sie hindurchgeht. Man kommt nur weiter, wenn man das Land immer wieder besucht, sich immer aufs Neue wundert und die Neugier bewahrt, es zu verstehen und sich ihm zu nähern.

Jede Tür eröffnet einen anderen Ausblick:
auf einen Raum, ein Gesicht, eine Stimme, ein Geheimnis.
Aber Marokko ist kein Märchen aus Tausendundeiner Nacht.
Das ist ein Klischee, das oft auf die arabische Welt projiziert wird und dem nichts entspricht.

Tahar Ben Jelloun wurde 1944 in Fes geboren. Er studierte zunächst in Marokko Philosophie, beendete sein Studium dann aber in Frankreich, wo er bis heute überwiegend lebt. Ben Jelloun gilt als der bekannteste Schriftsteller Marokkos. Seine Bücher sind in französischer Sprache verfasst.

Seite 13: Eingang zum Mausoleum von Moulay Idris, dem »Sonnenkönig« Marokkos, in Meknes.

Marokko ist ein Land, das von der Moderne erfasst wurde, während es gleichzeitig in alten Traditionen verwurzelt blieb. Trotz des französischen Protektorats und der spanischen Kolonisierung in den Jahren von 1912 bis 1956 hat Marokko seine Identität bewahrt und seine Seele weder verloren noch preisgegeben. Sein stolzer und heiterer Charakter gründet darin, dass es dem Osmanischen Reich nicht gelang – wie in Algerien – das Land zu besetzen, und auch darin, dass Marokko wiederholt das Einfallstor des Islam für Nordafrika war (seit 681/82, dann 705-709 und schließlich 788).

Die Moderne ist hier, wie in allen Entwicklungsländern, von außen eingedrungen. Sie wurde wie eine Wohltat aufgenommen und selten als Quelle der Entfremdung erfahren. Von den Statthaltern der Tradition wurde sie aufmerksam und skeptisch, aber auch wachsam begrüßt. Traditionen sind häufig um so gastfreundlicher und großzügiger, je gefestigter, je tiefer verwurzelt sie sind. Das Neue ist für sie keine Bedrohung, die sie veranlassen könnte, auf alte Werte und Gewissheiten zu verzichten.

Die Moderne ist eine Denkweise, eine Weltanschauung. Für den Marokkaner bedeutet sie eine Öffnung gegenüber der westlichen Technologie. Aber Marokko ist nicht erst im 19. Jahrhundert in die Geschichte eingetreten. Deshalb bedeutet diese Öffnung auch ein Wiederanknüpfen an die reiche und ehrenvolle Vergangenheit des Landes, an sein goldenes Zeitalter im 15. Jahrhundert, das die in Andalusien auf der Grundlage universeller und humanistischer Prinzipien aufgebaute arabisch-iberische Kultur beerbte.

Im Unterschied zum flachen Land, wo die Mehrheit der Bevölkerung lebt, hat die Stadt die so genannten modernen Elemente in sich aufgenommen. Daher werden Städte wie Casablanca (das ökonomische Zentrum des Landes mit etwa vier Millionen Einwohnern) und Tanger (die ehemals internationale Stadt und ein nur zwei Schiffstunden von Spanien entferntes Touristenziel) von Besuchern häufig als wenig marokkanisch empfunden, weil sie nicht die Besonderheiten einer arabischen Stadt aufweisen, wie sie sich die Phantasie des einen oder anderen ausmalt. Touristen sind meist auf der Suche nach Exotik, nach allem, was ihrer Welt, ihrer Lebensweise und ihren eigenen Traditionen fremd ist; sie wünschen sich eine beruhigende Distanz zum Anderen, damit ihre eigene Identität nicht in Frage gestellt wird. Das Exotische ist wie ein Schauspiel. Man sieht zu, man beobachtet, aber man lässt sich nicht auf das Fremde ein. Man will bei seinen Gewissheiten bleiben.

Doch im Gegensatz zu anderen Reisezielen des Mittelmeerraums verwischt Marokko die Spuren. Gehen Sie zum Beispiel in ein Dorf im Hohen Atlas, in dem es weder Autos noch Elektrizität gibt. Sie werden Bergbewohner treffen – meistens Berber –, die noch ein Leben führen wie im vergangenen Jahrhundert. Plötzlich hören Sie aus einem Kofferradio das Programm von *Radio London* oder *Radio Meditérranée Internationale*, oder Sie begegnen einem Bauernjungen, der das Einkommen seiner Familie mit einem Taschenrechner kalkuliert. Oder Sie nehmen an einem Fest teil – einer Taufe oder einer Hochzeit –, bei dem die Traditionen auf das Genaueste eingehalten werden. Alles gründet sich hier auf alte Mythen und Legenden. Der Marokkaner aus der Stadt wird darüber ebenso staunen wie ein ausländischer Besucher.

Oder gehen Sie in die Städte, besuchen Sie eine Familie in Fes – der »Stadt der Städte« und dem Zentrum jahrhundertealter Kulturen und Traditionen. Jedes Haus, auch das einfachste, ist dort ein geschichtsträchtiger Ort. Eine Fassi-Hochzeit wird noch heute nach strengen, nur äußerst vorsichtig gelockerten Regeln gefeiert. Alles entspricht der Tradition und ist ein Spiegelbild des marokkanischen Charakters: die rituelle Zeremonie, der Ablauf des Festes, die Kleidung, die Gesänge, das Essen (das Menü ist seit Jahrhunderten das gleiche geblieben!). Alles ist eine Wiederholung des Überlieferten. Neuerungen werden nur in kleinen Schritten eingeführt. Der musikalische Rahmen bleibt klassisch: andalusische Musik. Aber Sie werden sehen, wie sich die jungen Leute mit einer Videokamera auf der Schulter unter die Gäste mischen, um das Fest zu filmen.

Fes war lange Zeit die intellektuelle Hauptstadt des Königreichs. Jahrhundertelang wurde hier die kulturelle und politische Elite des Landes herangebildet. Und von hier ging in den vierziger Jahren der marokkanische Nationalismus aus. Aus seiner Universität, die älter ist als die Sorbonne in Paris, gingen große arabische Theologen und Schriftgelehrte hervor.

Das schließt allerdings nicht aus, dass die marokkanische Kultur teilweise eine mündliche ist. Heute versucht man, die mündliche Überlieferung mithilfe von Büchern wiederzubeleben. Und wenn man wie ich in französischer Sprache schreibt, reiht man sich deshalb nicht in die französische Literatur ein. Ein marokkanischer Schriftsteller schreibt keine »Romane« im Sinne der europäischen Romanliteratur. Vielmehr erzählt er eine Geschichte, in der verschiedene Formen der mündlichen Dichtung aufbewahrt sind: Erzählungen, Märchen, Balladen und Lieder.
Für einen marokkanischen Schriftsteller stellen sich freilich sehr grundsätzliche Fragen: Von welchem Marokko soll er erzählen? Welche Wirklichkeit, welche Phantasie soll er beschreiben? In welcher Sprache soll er mit einem Volk kommunizieren, das zu siebzig Prozent weder lesen noch schreiben kann?

Die Antwort, die am nächsten liegt, ist das Schreiben selbst. Arabisch oder Französisch: Man muß schreiben, aber vor allem anspruchsvoll sein und diesem Volk die besten Werke geben – eben weil es teilweise aus Analphabeten besteht. Wie Pablo Neruda sagte: »Wenn die Arbeiter und Bauern meine Gedichte nicht lesen können, dann werden ihre Kinder sie lesen...«

Marokko liefert sich nicht aus. Man muss es sich selbst suchen. Auch der Schriftsteller ist ein Reisender. Er geht auf die Straße, beobachtet, hört zu, lebt und nimmt alle Lichter des Landes in sich auf. Er hört nicht nur auf seine eigenen existenziellen Ängste. Er stellt auch die Ängste des Landes dar, seine Widersprüche, seine Zerrissenheit, seine Geheimnisse, seine Schönheiten, seine Verrücktheiten.

Zehn Jahre nach meinem ersten Roman habe ich eine rein fiktive Geschichte erzählt: *La prière de l'absent* (Das Gebet des Abwesenden). Drei Personen und ein Kind, das sie auf einem Friedhof gefunden haben, durchqueren Marokko von Norden nach Süden, weil sie auf dem Grab von Scheich Maa el Aynine, dem Helden des nationalen und religiösen Kampfes, neue Kräfte sammeln wollen. Dieser Roman ist die Autopsie eines Landes, das von oben nach unten aufgeschnitten wurde.

Deshalb sollte man nicht nur einen Reiseführer, sondern auch ein paar Romane mit nach Marokko nehmen. Der Führer kann Ihnen den genauen Ort und Namen eines Hotels auf Ihrer Strecke nennen, aber er kann Ihnen nichts über die Seele des Volkes sagen, über seine Phantasien und über sein Leben zwischen Tradition und Moderne. Dazu müssen Sie einige Türen öffnen. Die Schlüssel dafür – freilich nicht alle – finden Sie in den alten Geschichten, den Parabeln und den Märchen, unter den Fabelgestalten oder im Blick der Kinder auf den Straßen, vielleicht auch im Geheimnis einer Erzählung, die mit der Dämmerung beginnt und im Morgengrauen endet.

Spuren der Geschichte (I): Phönizier, Römer, Idrisiden

معالم تاريخ المغرب

Marokko ist – der Superlativ sei gewagt – eines der faszinierendsten Länder der Welt. Es ist geheimnisvoll und voller märchenhaft anmutender Schönheit, aber auch voller tiefer Abgründe. Niemand, der hierher kommt, kann sich dem magischen Bann des nordafrikanischen Landes entziehen. Doch was macht diese Faszination aus, was ist Marokkos Geheimnis? Auf der Suche nach Antworten begeben wir uns auf eine ausgedehnte Reise durch den westlichen Maghreb.

Die Suche beginnt in Volubilis, der römischen Ausgrabungsstätte im Norden Marokkos, von den Einwohnern des Landes »Walili« genannt. Wurde hier der Grundstein Marokkos gelegt? Oder beginnt seine Geschichte nicht schon viel früher? Es gibt nämlich Skelettfunde, die dreihunderttausend Jahre zurückdatiert werden, sowie prähistorische Felszeichnungen und Menhire, die darauf schließen lassen, dass die Megalithkultur auch in diesem Raum verbreitet war.

Über diese Vorgeschichte Marokkos ist jedoch kaum etwas bekannt. Bis ins 8. Jahrhundert hinein gibt es keine schriftliche Überlieferung. Was die Bauwerke jener Frühzeit angeht, ist anzunehmen, dass der Hauptbaustoff Lehm war, der nach einiger Zeit verfällt und somit keine Spuren hinterlässt. Also spekuliert man und versucht, aus dem Wenigen, was Marokko an frühgeschichtlichen Zeugnissen geblieben ist, eine Historie zu konstruieren. Doch zu Gewissheiten führt dies nicht. Um mit den Worten des marokkanischen Historikers Abdallah Laraoui zu sprechen: »Es ist illusorisch, die Schleier der marokkanischen Geschichte zu lüften. Es ist illusorisch, zu glauben, man könnte sich an den Punkt zurückbewegen, an dem die Marokkaner geboren wurden, wo das Land zu entstehen begann, seine Menschen, seine Gesellschaft… Denn all dies ist, wenn man es realistisch betrachtet, hypothetisch.«

Historisch gesicherte Kenntnisse gibt es erst über die Zeit seit dem Auftauchen der Phönizier um 1100 v. Chr. Zumindest ist bekannt, dass zu dieser Zeit entlang den Küsten Handelsstützpunkte gegründet wurden: Russaddir (heute Melilla) und Lixus (heute Larache), später unter der Herrschaft von Karthago dann Tingis (heute Tanger), Rusibis (heute Al-Jadida), Mogador (heute Essaouira) und Chellah (beim heutigen Rabat gelegen).

146 v. Chr., im Zuge der Zerstörung Karthagos, entsandte Rom seine Truppen, und die Römer nannten das Land Mauretania – »Land der Dunklen«.

Dieses Mauretanien umfasste das nördliche Marokko und Algerien; es wurde 25 v. Chr. zu einer römischen Provinz, regiert von Juba II., einem Berber, der in Rom ausgebildet worden war. Bis zum Ende der römischen Herrschaft im 5. Jahrhundert war Volubilis die Hauptstadt Mauretaniens.

Wer inmitten der Ruinen dieser einstigen Metropole steht, kann in aller Ruhe der Geschichte nachspüren und eine herrliche Land-

Seite 17: Volubilis, die einzige wirklich sehenswerte römische Ausgrabungsstätte in Marokko, ist vor allem aufgrund der herrlichen und sehr gut erhaltenen Mosaike einen Besuch wert. Sie liegt am Fuß des Zerhoungebirges und wird nur selten von Touristen aufgesucht.

Oben: Felsgravuren in Oukaimeden im Hohen Altas weisen auf eine jahrtausendealte Geschichte hin.

schaft sowie die Stille ringsum auf sich wirken lassen, denn Volubilis wird trotz seiner historischen Bedeutung und seiner gut erhaltenen Mosaike kaum von Touristen besucht. Wie prägend war diese Vergangenheit wohl wirklich? Inwieweit hatte das Römische Reich tatsächlich Einfluss auf die Entwicklung Marokkos? Die alteingesessene Bevölkerung Marokkos, die Berber, war bis ins 11. Jahrhundert nie in einem Reich vereint. Das änderte sich auch nicht durch das Eindringen der Araber, die im 8. Jahrhundert den Islam mit sich brachten. Ein Araber, Moulay Idris, war es auch, der 788 das erste unabhängige Reich auf marokkanischem Boden begründete: das Idrisidenreich. Auch wenn dieses Reich keinen großen Einfluss auf die Bevölkerung des Landes hatte, so ist es als der erste selbstständige Staat auf marokkanischem Boden historisch doch bedeutsam. Sein Einflussbereich blieb zwar klein, doch haben die Marokkaner den Idrisiden etwas zu verdanken, was sich aus dem Land nicht mehr wegdenken lässt: die Gründung von Fes, Marokkos ältester Königsstadt.

Unten: Menhire und Kromlechs (Steinkreise) findet man auch außerhalb Nordeuropas, zum Beispiel hier der Kromlech von M'Soura in der Nähe von Asilah. Es ist wenig bekannt über die Erbauer dieser Steinmonumente, die auch Megalithe genannt werden. Sicher ist, dass sie vor etwa 4000 bis 5000 Jahren errichtet wurden und vor allem Grabbauten und Kultstätten waren.

Moulay Idris: Heiligenverehrung und Wallfahrten in Marokko

Moulay Idris (Idris I.) gilt als der Staatsgründer Marokkos. Sein Mausoleum befindet sich in der gleichnamigen Stadt nördlich von Meknes und ist die wichtigste Pilgerstätte des Landes. Denn Moulay Idris war nicht nur der Staatsgründer, sondern er ist auch ein Landesheiliger. Offiziell gibt es im Islam zwar keine Heiligen – aber das gilt nur für die Theorie. Praktisch hingegen hat fast jedes islamische Land seinen Heiligenkult, insbesondere die Länder am Rand der islamischen Welt – wie etwa Marokko.

Wer hier reist, wird die vielen kleinen Kuppelbauten wahrnehmen, die über das ganze Land verstreut sind. Darin sind Heilige begraben, in Marokko Marabouts genannt. Stets sind sie von Legenden umwoben. Ihnen werden Wundertaten und wundersame Kräfte zugeschrieben; so werden Frauen durch ihren Segen fruchtbar und Kranke geheilt. Um diesen Segen zu erlangen, reicht es, das Grab eines Heiligen zu berühren und dabei ein Opfer zu bringen.

Besonders wirkungsvoll ist die Segenskraft der Marabouts während der Moussems, wenn am Grab des Heiligen zu dessen Ehren ein Fest gefeiert wird – eine Mischung aus Wallfahrt, Volksfest und Jahrmarkt. Je nach Charakter eines Moussems finden sich bisweilen Tausende von Marokkanern ein, um Segen zu empfangen, um Vergebung zu erbitten, Wünsche zu äußern oder Handel zu treiben. Es gibt Moussems zu fast jedem Anlass. Neben dem wichtigsten, dem Moussem Moulay Idris in der gleichnamigen Stadt, sind der berühmte Hochzeitsmarkt von Imilchil sowie das lebendige und außergewöhnlich schöne Kirschenfest in Sefrou besonders sehenswert.

Nichtmuslime dürfen das Grab von Moulay Idris in der gleichnamigen Stadt nicht betreten. Ihnen bleibt nur der Blick von oben auf die grünen Dächer des Mausoleums.

Pilger auf Wanderschaft bei Asilah.

Kuppelgräber, sogenannte Marabouts, sind Ziel vieler Wallfahrten, wie hier in D'Agda im Hohen Atlas.

Fes
Die älteste Königsstadt Marokkos

فاس

Der älteste Teil von Fes, Fes el Bali, geht auf die Stadtgründung von Moulay Idris I. Ende des 8. Jahrhunderts zurück. Doch bei dessen Tod 792 war der Ort nicht mehr als ein kleiner Marktflecken, und erst unter seinem Sohn Moulay Idris II. wurde Fes ausgebaut und zur Hauptstadt ernannt. Vor allem Flüchtlinge aus Cordoba und Kairouan, den beiden wichtigsten islamischen Zentren der damaligen westlichen Welt, prägten die Stadt. Sie gründeten zu beiden Seiten des Flusses eigene Ortsteile und sorgten mit ihrem florierenden Handel für den wachsenden Reichtum der Metropole. Zugleich entwickelte sich die schöne Königsstadt zu einem intellektuellen Zentrum, was unter anderem mit dem Bau der Kairaouiyin-Moschee zusammenhing.

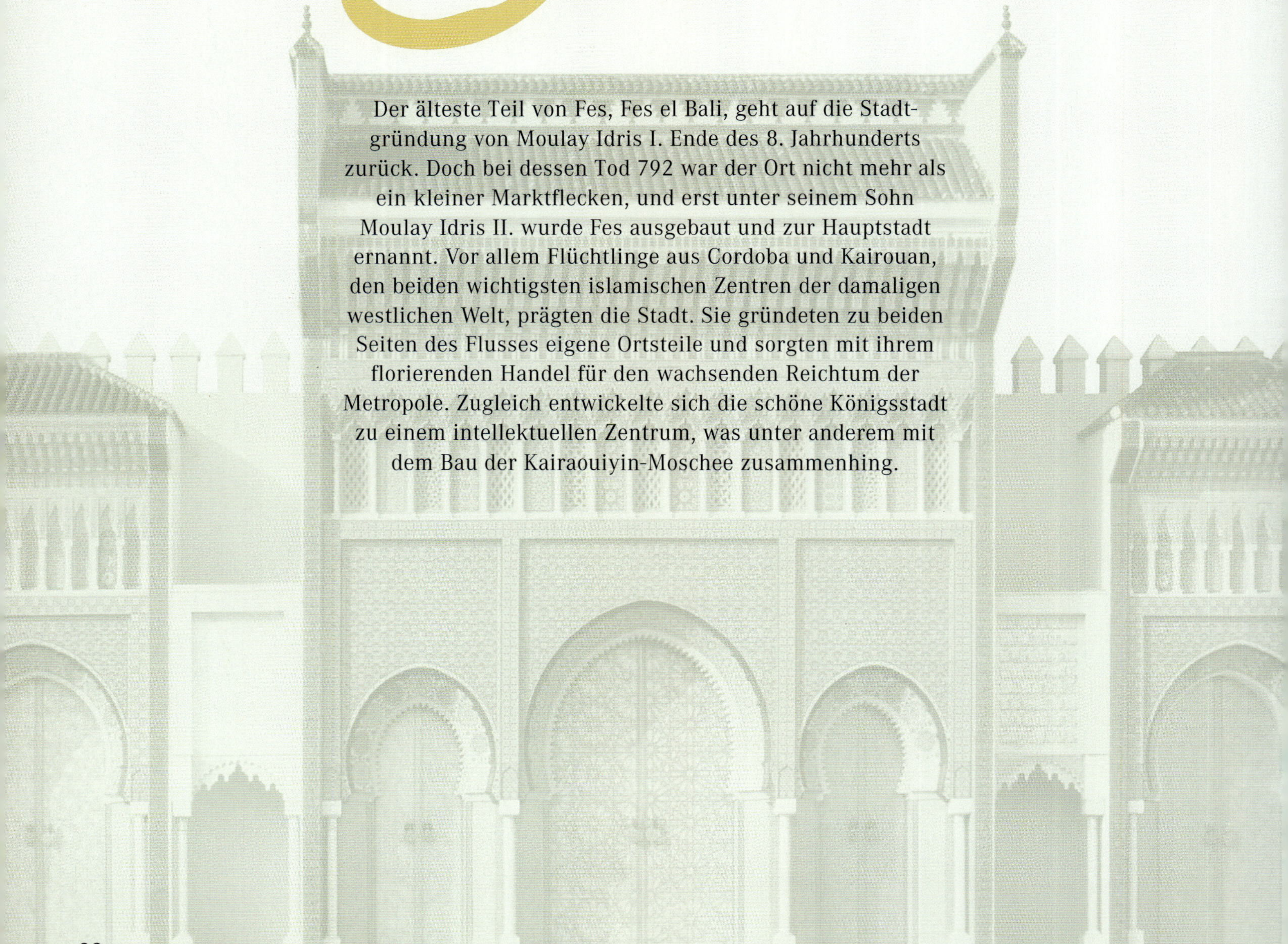

DENTISTE
CASCADE

Im 11. Jahrhundert, unter der Herrschaft der Almoraviden und später der Almohaden, verlagerte sich die Hauptstadt nach Marrakesch. Erst unter den Meriniden, die 1269 ihren Sitz hierher zurückverlegten, gewann Fes wieder an Bedeutung. Fes el Djedid, das »neue Fes«, wurde errichtet und war fortan Zentrum des Landes. Die meisten Koranschulen (arabisch *madrasa* oder *medersa*), aber auch zahlreiche Karawansereien (arabisch *funduq*) wurden unter merinidischer Herrschaft gebaut. Mit dem Untergang der Merinidendynastie im 15. Jahrhundert wurde wiederum Marrakesch zum marokkanischen Machtzentrum. Auch wenn unter den Alawiden, die seit dem 17. Jahrhundert herrschten, Fes erneut als Hauptstadt in Erscheinung trat, hatte es seine internationale Bedeutung doch verloren. Die Franzosen, die 1912 in Marokko die Macht übernahmen, errichteten mit der Nouvelle Ville, der Neustadt, das dritte Stadtviertel von Fes, beherrschten das Land aber von Rabat aus, das auch nach der Unabhängigkeit 1956 marokkanische Hauptstadt blieb. Heute leben in Fes knapp achthunderttausend Einwohner, ein Viertel davon in Fes el Bali, das von der UNESCO zum Weltkulturerbe erklärt wurde.

Seite 23: Innenhof der Kairaouiyin-Moschee in Fes.

Links: Blick durch das Blaue Tor von Fes. Im Hintergrund ist die merinidische Koranschule Bou Inania zu sehen.

Oben: In allen Medinas Marokkos gibt es Brunnen mit Trinkwasser, wie hier am Place Nejjarin in der Altstadt von Fes.

Unten: Eingang zum Königspalast in Fes el Djedid.

Seite 26/27: Das Bab Boujeloud gilt als schönstes Stadttor von Fes.

Seite 28/29: Vom Aussichtspunkt Bordj Sud hat man einen herrlichen Blick auf Fes el Bali.

Es ist 10 Uhr an einem der Eingänge zur Kairaouiyin-Moschee: Eine Bettlerin bietet für einen Dirham ihren Segen, ein kleiner Junge stürzt vorbei und eilt ins Innere des prächtigen Gotteshauses, um einen Schluck Wasser zu trinken; jüngere und ältere Männer sitzen um den Brunnen herum und sehen dem Spielen und Toben der Kinder zu. Welch ein Unterschied zu europäischen Kirchen, in deren Innerem Ruhe das oberste Gebot ist!

Nichtmuslimen ist der Zutritt zu diesen heiligen Stätten verboten. Aber man kann am Eingang stehen, einen Blick nach innen werfen und sich vorstellen, wie die große Halle, die 22 000 Gläubige fasst und die von 270 Säulen getragen wird, wohl aussehen mag. Schon von außen wird deutlich, dass es sich hier nicht um irgendeine Moschee handelt. Die 859 gegründete Kairaouiyin-Moschee gilt vielmehr zusammen mit der Al-Azhar-Moschee in Kairo als eine der wichtigsten islamischen Instanzen in Glaubensfragen. Aber nicht nur das: Sie war sogar die erste Universität der Welt (gegründet 956); hier wurden die ersten Professoren ausgebildet. In ihrer Blütezeit im 13. und 14. Jahrhundert besuchten achttausend Studenten die Moschee; sie lebten in den umliegenden Koranschulen. Ihr berühmtester Student war der spätere Papst Silvester II. (940-1003). Wer den sakralen Bau auf sich wirken lässt, spürt die einzigartige Bedeutung dieses Gotteshauses.

Oben: Kalligraphien sind wesentlicher Bestandteil des Wandschmucks in Moscheen und Koranschulen.

Unten und rechts: Im Innenhof jeder Moschee befindet sich ein Brunnen. Er dient zur rituellen Waschung, die dem Gebet vorausgeht. Je nachdem, was der Gläubige zuvor getan hat, muss er die kleine oder große Waschung vollziehen (links die Koranschule Attarin; rechts die Kairaouiyin-Moschee).

Nicht weit von der Moschee entfernt eröffnet sich eine ganz andere Welt – die Welt der Gerber. Der Weg in dieses malerische Viertel am Rande der Altstadt führt durch ein Gewirr enger, verwinkelter Gassen, die für Autos viel zu schmal sind. Der Reisende, der hoch oben auf der Terrasse eines benachbarten Ledergeschäfts steht, kann sich dem von diesen bunten Becken ausgehenden Reiz kaum entziehen: Rot, braun, gelb, grün, milchig weiß, violett – in allen Farben leuchten ihm die Felle entgegen, die hier nach traditioneller Kunst von den Gerbern bearbeitet werden. Die Gerber selbst stehen schweißgebadet in großen Bottichen. Ihre Arbeit ist höchst gefährlich – das Farbengebräu, in dem sie stehen, hat eine ätzende Wirkung. An den alles durchdringenden Gestank scheinen sie sich jedoch gewöhnt zu haben sowie auch daran, dass sie – mit bedingt durch diesen

Gestank, der ihnen anhaftet – immer am Rande der Gesellschaft stehen. Dennoch sind die Gerber stolz auf ihre Arbeit und geben sie von Generation zu Generation weiter.

Die Gerbereien von Fes gelten als die schönsten weltweit. Sie liegen im Viertel Chaouara direkt am Fluss Oued Fes am Rande der Altstadt. Neun Arbeitsschritte sind nötig, um aus Tierhaut Leder zu machen: Zunächst werden die Felle enthaart, dann in einem der Bottiche in Kalk etwa vier Wochen eingeweicht. Danach werden sie gewässert und in einem der Becken weich getreten. Nach einer weiteren Wässerung kommen sie in eine scharfe Lauge, die häufig aus Taubenmist hergestellt ist. Erst dann können die Häute gefärbt werden. Der anschließenden Gerbung, häufig mit Holz- und Pflanzenstoffen, folgt eine letzte Wässerung. Danach wird das Leder zum Trocknen ausgelegt.

Wer sich von den Gerbereien in Richtung Suq (Markt) bewegt, auf den wartet eines der schönsten und buntesten Erlebnisse einer Marokkoreise. Der Suq zieht sich durch die gesamte Altstadt von Fes. Sich hier einfach treiben zu lassen und diese einzigartige Atmosphäre aufzunehmen ist wie ein Bummel durch Tausendundeine Nacht und ein Hochgenuss für die Sinne: An jeder Ecke herrschen andere Farben vor, von überallher strömen fremdartige, würzige Gerüche.

Oben: Intarsienarbeiten sind vor allem bei Teegeschirr und Tabletts sehr gefragt. Sie werden direkt im Suq hergestellt.

Unten: Überall in Fes finden sich Karawansereien, die heute meist als Lagerräume oder wie hier als Secondhand-Kaufhaus genutzt werden.

Rechts: Der Hauptkundenstamm der Kunsthandwerker in Marokko sind heutzutage vor allem die Touristen, die unter anderem Laternen, Mosaiktische und Kerzenständer gerne als Souvenir mit nach Hause nehmen.

التقليدية
LANTERNES
DELAOUINES
n°1 MARRAKECH

»Balaak« ruft es, »Achtung«; ein Händler mit seinem vollbeladenen Maultier drückt sich vorbei. Tiere haben »Vorfahrt« in Fes, und die Menschen haben sich daran gewöhnt. Der Suq ist ein Labyrinth aus kleinen Gassen und Wegen, in dem sich ein Fremder leicht verirrt und das man nur selten ohne ein Souvenir wieder verlässt. Im Goldsuq glitzert der Schmuck, der Gewürzbasar betört durch seine Düfte, und in den Handwerkergassen taucht man in eine vielfältige Geräuschkulisse.

Der Suq zählt zu den ältesten bestehenden orientalischen Institutionen und ist für Marokkaner und alle anderen Bewohner Nordafrikas und des Vorderen Orients nicht nur ein Ort der Produktion und Vermarktung, sondern auch eine wichtige soziale Begegnungsstätte. Hier treffen Handel und Handwerk aufeinander, hier werden neue Kontakte geknüpft und alte gepflegt. Der Suq ist das Leben. Und wer zur Gemeinschaft der Händler gehört, darf sich glücklich schätzen.

Kennzeichnend für den Suq ist auch ein kompliziertes Sozial- und Baugefüge. Da gibt es den Marktaufseher, den Amin, wie er in Marokko genannt wird. Meist ist es ein älterer, frommer und wohlhabender Mann, der sowohl von Staatsseite als auch unter den Händlern Vertrauen genießt. Bricht im Suq ein heftiger Streit aus, wird der Fall vor den Amin gebracht, der zwar keine richterlichen Befugnisse hat, aber offizieller Vermittler ist.

Auf dem Markt wird zwischen »reinen« und »unreinen« Gewerben unterschieden. Je reiner ein Gewerbe ist, desto näher befindet es sich an der Freitagsmoschee, dem Zentrum eines jeden Suqs. So sind Stoff- und Devotionalienhändler immer direkt bei der Moschee angesiedelt, während die Schmiede und Gerber weit entfernt davon anzutreffen sind. Die einzelnen Gewerbe sind zudem streng voneinander getrennt; es gibt eine Töpfergasse, eine Teppichgasse, eine Kupferwarengasse, eine Schmuckgasse, Gewürzgassen und so weiter.

Der Suq ist jedoch mehr als nur ein Herstellungs- und Verkaufsort. Er ist ein gesellschaftliches Areal, auf dem alles zu finden ist, was in Marokko zum alltäglichen Leben gehört: Banken und Wechselstuben, Büros und Stiftungshäuser, Moscheen, Heiligengräber und Hammams, Garküchen und Teehäuser, Armenküchen und Obdachlosenheime, Krankenstationen und Polizeiwachen. Dies alles ist notwendig, um einen geregelten Marktablauf zu garantieren.

Links: Nur noch selten finden sich Kunsthandwerker, die Gegenstände für den marokkanischen Hausgebrauch produzieren. Am Place Seffarin, dem Kupferschmiedeplatz ist dies noch der Fall. Die Handwerker stellen Kupfertöpfe für Hochzeitsgesellschaften her.

Souvenirladen in der Medina von Fes.

Zu Besuch bei Jalil el Hayar

Versteckt in einem ruhigen Wohnviertel von Fes liegt das Gästehaus Dar Ziryab. Der Besitzer Monsieur Jalil ist ein anregender Gesprächspartner. Er war einst Stadtführer in Fes und weiß viel über seine Heimatstadt und ihre Geschichte zu berichten. Vor wenigen Jahren hat er sich seinen Traum erfüllt und ein Gästehaus ganz nach seinem persönlichen Stil errichten lassen.

Schon der Name »Dar Ziryab« (das Haus des Ziryab) weckt Gedanken an eine Welt der Vergangenheit, die bis zurück an den Hof Harun ar-Raschids reicht. Ziryab war nämlich der Lieblingsmusiker des legendären Kalifen. Im 9. Jahrhundert zog dieser bedeutende Künstler nach Cordoba und begann, die orientalische mit der andalusischen Kunst zu verbinden. So verhalf er der Kultur des Omaijadenreiches auf der Iberischen Halbinsel zu einer einmaligen Blüte. Entsprechend hoch sind folglich die Erwartungen beim Betreten des Gästehauses – und sie werden nicht enttäuscht.

Das Haus ist prächtig ausgestattet, jedes der sieben Zimmer individuell eingerichtet und mit zahlreichen Kunstgegenständen sowie herrlichen Bildern moderner marokkanischer Maler geschmückt. Diese sind geschickt in den verschiedenen Nischen, Winkeln und Stiegenaufgängen verteilt und sorgen für ein elegantes und geschmackvolles Ambiente. Den Besuchern steht ein Hammam, ein orientalisches Dampfbad, zur Verfügung, und die im Dar Ziryab aufgetischten Speisen schmecken köstlich. Ziryab scheint als guter Geist über diesem Haus zu schweben und die Gäste mit seiner Liebe zur Kunst und Musik anzustecken.

Unten: Nicht nur Europäer mieten sich in diesem stilvollen Gästehaus ein. Auch Marokkaner, die die einzigartige Atmosphäre genießen wollen, finden den Weg zu Jalil el Hayar.

Rechts: Von besonderem Reiz sind die Badezimmer, deren Wände aus Tadelakt – ein Gemisch aus Kalkstein und Eiweiß – hergestellt sind. Mit dieser alten marokkanischen Technik wurden einst die Hammams abgedichtet.

Der Hammam: Dampfbad und Nachrichtenbörse

Das gesellschaftliche Leben in Marokko ist ohne den Hammam nicht denkbar. Hier wird nicht nur gewaschen und poliert, geknetet und massiert, hier werden vor allem auch Neuigkeiten ausgetauscht. Kleine Kinder werden in die mitgebrachten Eimer gestellt, meist unter lautstarkem Protest, und abgeschrubbt. Ja, im Hammam wird alles abgelegt: die alten Hautschichten, die abgestorbenen Haare, die Schamhaftigkeit und – zumindest während der Frauenbadestunden – die vielgelobte weibliche Zurückhaltung.

Der Hammam ist eine jahrhundertealte orientalische Institution. Hygiene gehört zu den Grundregeln des islamischen Glaubens und wird auch aus diesem Grund sehr ernst genommen. Es gibt fast kein arabisches Märchen ohne Badehaus und nur wenige alte Erzählungen, in denen der Hammam nicht zumindest eine Nebenrolle spielen würde. Er ist ein Ort der Verführung, ein Ort des Träumens und des Abtauchens. Der Hammam ersetzt den Frauen das Teehaus; hier halten sie sich viele Stunden auf, hier werden intimste Geheimnisse ausgetauscht, zukünftige Schwiegertöchter betrachtet und Heiratspläne geschmiedet. Und im Hammam erfahren die kleinen Jungen zum ersten Mal etwas von der weiblichen Sexualität, denn solange sie noch klein sind, dürfen sie mit den Frauen baden.

Links: Der Hammam des Dar Ziryab in Fes ist zur Abdichtung ganz mit Tadelakt verputzt und nur für Gäste des Hauses zugänglich.

Rechts oben: Der unterhalb des Gebetsraums gelegene Hammam der Moschee Hassan II. in Casablanca.

Rechts unten: Der Hammam Lalla Mira in Essaouira ist Marokkos ältestes Gnaoua-Ritualbad und steht allen Besuchern offen. Er wird mit Solarenergie beheizt.

Marrakesch
Die »Perle des Südens«

مراكش

Auf der Reise von Fes nach Marrakesch folgt der Besucher erneut dem Lauf der Geschichte. Im 11. Jahrhundert nämlich kamen Berber aus dem Süden des Landes und gründeten Marrakesch. Dies markiert einen historischen Wendepunkt, denn bis dahin hatten sich die Berber nie überregional organisiert. Wie kam es dazu, dass diese freiheitsliebenden Menschen, die nie herrschen, sich aber auch nie beherrschen lassen wollten, plötzlich selbst zur Macht griffen?

Es geschah aus Notwehr. Nachdem das Idrisidenreich zerbrochen war, geriet Marokko zwischen die Fronten konkurrierender Großmächte: Auf der einen Seite standen Araber aus Cordoba, die dort ein eigenständiges Omaijadenkalifat begründet hatten, auf der anderen Seite Fatimiden, Anhänger einer schiitischen Bewegung, die den Sturz der herrschenden sunnitischen Abbasiden in Bagdad anstrebten. Von Sijilmassa, dem heutigen Rissani, ausgehend, wandten sie sich nach Osten und unterwarfen die Idrisiden. Das Land wurde zum blutigen Schauplatz des Ringens der beiden feindlichen Mächte. Beide Seiten hofften, Marokko als Schutzzone gegen das jeweils andere Reich nutzen zu können. Die Leidtragenden waren die Berber, denn sowohl die Omaijaden als auch die Fatimiden führten Stellvertreterkriege. Die Fatimiden konnten sich schließlich behaupten und setzten in Marokko die berberischen Ziriden als Vasallenherrscher ein, während sie selbst ihren Siegeszug nach Osten fortführten. Doch sagten sich die Ziriden 1052 von den schiitischen Herrschern los, was für Marokko weitreichende Konsequenzen hatte: Zwei Nomadenstämme wurden von den Fatimiden aus dem Gebiet des Hedschas im heutigen Saudi-Arabien ausgesandt, um das Land zurückzuerobern und zu arabisieren. Auf der Suche nach Weideland kamen sie mit ihren Familien und ließen sich nieder, wo immer sie Platz fanden. Ohne Absicht riefen sie dadurch etwas ins Leben, was es vor ihnen noch nie gegeben hatte: einen überregional organisierten Berberwiderstand. Aus dieser politischen Bewegung ging das erste große Berberreich der Almoraviden hervor.

3
7

29

Seite 43 und rechts unten: Zum Sonnenuntergang werden am Djema el Fna Essensstände aufgebaut, und bis weit in die Nacht hinein duftet es überall herrlich nach gegrilltem Fleisch. Vor allem Marokkaner zieht es zum preiswerten Abendessen hierher.

Seite 44/45: Das Herz Marrakeschs ist der Djema el Fna, der »Platz der Toten«. Der Name weist auf seine frühere Funktion als Hinrichtungsstätte hin. Heute ist der Djema Zentrum für Gaukler, Schausteller und Märchenerzähler.

Oben und rechts oben: Anhänger vieler mystischer Orden ziehen als Schausteller durch das Land und treten als Akrobaten oder Feuerschlucker auf. Nirgends sonst dürfen sie auf so viele Zuschauer und so viele Geldspenden hoffen wie hier in Marrakesch.

Über das Gründungsdatum von Marrakesch herrscht Uneinigkeit. Gewiss ist jedoch, dass die Stadt von den Almoraviden zu Beginn ihrer Herrschaft (1061-1147) errichtet wurde. Marrakesch liegt inmitten einer trockenen Ebene, und die Dattelhaine, die es heute umgeben, wurden bereits unter den Almoraviden angelegt. Wie auch in Fes waren es Baumeister aus Cordoba und Kairouan, die die wichtigsten Bauten der Stadt errichteten – Paläste, Koranschulen, Moscheen sowie ein ausgeklügeltes, unterirdisch verlaufendes Kanalsystem.

1147 von den Almohaden erobert, erlebte die Stadt unter dem dritten Almohadensultan Yaqub el Mansour (Regierungszeit 1184-1199) ihre Blütezeit. Künstler und Baumeister errichteten prachtvolle Gebäude, wie etwa das Minarett der Koutoubiya-Moschee. Unter den Meriniden (1269-1420) wurde die Hauptstadt dann wieder nach Fes zurückverlegt. Doch kümmerten sich die neuen Herrscher auch um den Wiederaufbau der almohadischen Metropole, die stark unter den Plünderungen ihrer Soldaten gelitten hatte. Und so fanden die Saaditen (Saadier) die Stadt in einem gutem Zustand vor, als sie 1554 die Herrschaft über Marokko übernahmen. Von hier aus starteten sie ihre Eroberungszüge bis nach Timbuktu, und hier errichteten sie mit dem Badi-Palast den bis dahin größten Palast Marokkos.

Unter den Alawiden erfuhr Marrakesch nur wenige Veränderungen. Die Stadt blieb eine prächtige Metropole, und auch wenn sie keine Hauptstadt mehr war, diente sie doch vielen Sultanen als Wohnort.

Zwischen dem 17. und dem 19. Jahrhundert verfiel die Stadt allerdings, und erst unter den Sultanen Hassan (1873-1894) und Abd el Aziz

(1894-1908) begann sie langsam wieder aufzublühen.

Seit der Unabhängigkeit 1956 entwickelte sich Marrakesch wie keine andere Stadt in Marokko; heute leben hier knapp eine Million Menschen.

Marrakesch gehört wohl zu den aufregendsten und buntesten Orten der Welt. Kaum irgendwo sonst prallen die Gegensätze so aufeinander wie hier. Und diese Gegensätze bestimmen das Leben: Eine tief verschleierte Frau geht mit ihrer Freundin Hand in Hand durch die Stadt. Das wäre an sich nicht weiter auffällig – ihre Freundin jedoch trägt ein bauchfreies Top, und ihr Haar fällt offen über die Schultern. Auf dem Djema el Fna (dem »Platz der Toten«) – hier wurden früher die Hingerichteten zur Schau gestellt – bieten mobile Zahnärzte ihre Dienste an, während es in der Neustadt Kliniken mit modernsten Apparaturen gibt, mit deren Hilfe Zahnstein per Laser entfernt wird. Wasserverkäufer klopfen ihre Tassen aufeinander, um für ein paar Cent einen Becher Wasser zu verkaufen, und direkt daneben ersteht eine junge Frau einen amerikanischen Softdrink.

Der Djema el Fna ist sicherlich einer der faszinierendsten Plätze Afrikas und der arabischen Welt. Hier brodelt das Leben. Tag für Tag und Abend für Abend zieht er Tausende Marokkaner von nah und fern an, die den Geschichtenerzählern lauschen, die Feuerschlucker bestaunen und den Heilern ihren Glauben schenken. Hier treten Akrobaten, Gaukler und andere illustre Unterhaltungskünstler auf, darunter auch Schlangenbeschwörer. Wird einem jedoch bewusst, dass den Schlangen die Giftzähne gezogen wurden, damit sie auf dem Platz keinen Schaden anrichten

Wasserverkäufer auf dem Djema el Fna. Geräuschvoll klappern sie mit Messingschalen, um auf sich aufmerksam zu machen. Die bunte Kopfbedeckung gehört zur traditionellen Berufskleidung.

können, sie hiermit aber zu einem jämmerlichen Hungertod verdammt sind, so erhält diese Touristenattraktion einen negativen Beigeschmack. Ausländische Besucher irren umher, trauen sich häufig nicht, stehen zu bleiben, und betrachten das Ganze lieber aus sicherer Entfernung. Doch dann kommen die Musikgruppen von der Bruderschaft der Gnaoua mit ihren Trommeln und Schellen. Sie umstellen die Ängstlichen, werfen ihre Köpfe erst nach vorne, dann nach hinten, singen im Rhythmus ihrer Instrumente, und die exotischen Klänge entführen die Fremden in eine andere Welt.

Kaum jemand kann sich dem entziehen, und schnell sind die letzten Berührungsängste verflogen. Es gibt nichts Anregenderes, als den frühen Abend auf dem Djema el Fna zu verbringen, den die UNESCO zusammen mit der Altstadt von Marrakesch zum Weltkulturerbe erklärt hat. Garküchen werden aufgebaut, und innerhalb kürzester Zeit steigen würzige Düfte auf. Hier werden Ziegenköpfe gegrillt, dort Fische frittiert, der Schneckenverkäufer lobt den hohen Eiweißgehalt seiner Ware, und von überallher winken Hände, die den Vorbeigehenden bitten, Platz zu nehmen.

Es ist sehr zu empfehlen, sich für die Besichtigung Marrakeschs genügend Zeit zu nehmen. Auch wenn man die verschiedenen Sehenswürdigkeiten der Stadt schon kennt, lohnt es sich, immer wiederzukommen. Eine besondere Entdeckung ist die Madrasa Ben Youssef, eine Koranschule aus dem 14. Jahrhundert. Sie wurde erst vor wenigen Jahren renoviert und erstrahlt nun in neuem Glanz – ein prachtvolles Gebäude, in dem einst mehrere Hundert Studenten lebten und lernten. Die Stuckverzierungen und die Zedernholzschnitzereien sind hier feiner als in jeder anderen Koranschule, und auch die Kalligraphien und Mosaike der Keramikwände faszinieren. Immer wieder steht geschrieben: »Bismillahi Rahmani Rahim« – im Namen des barmherzigen und gnädigen Gottes –, ganz so, als wolle die Schrift niemals enden.

Links: Die Koutoubiya-Moschee ist das Wahrzeichen Marrakeschs. Ihr fünfundsechzig Meter hohes Minarett gilt zusammen mit dem Hassanturm in Rabat und der Giralda in Sevilla als Inbegriff almohadischer Baukunst. Ihren Namen verdankt sie einem Büchermarkt (»koutoub« ist das arabische Wort für Bücher), der früher unmittelbar an die Moschee angrenzte.

Rechts oben und unten: Die Madrasa Ben Youssef gehört zu den schönsten Koranschulen des Landes. Sie stammt aus dem 14. Jahrhundert und wurde im 16. Jahrhundert zu der bedeutendsten Lehrstätte des gesamten Maghreb. Über 900 Studenten lebten und studierten zu dieser Zeit hier.

Seite 52 oben: Im Herzen des Kasbahviertels liegen die Saaditengräber. Viele saaditische Herrscher fanden hier ihre Ruhestätte, darunter auch Ahmad el Mansour (1578-1602) und dessen Familienmitglieder.

Seite 52 links unten: Nicht nur Moscheewände, auch die von Koranschulen und Mausoleen werden mit Kalligraphien und Stukkaturen verziert. »Allahu akbar« – »Gott ist groß« ist hier in kufischer Schrift zu lesen und drückt das Glaubensbekenntnis aller Muslime aus.

Seite 52 rechts unten: Stalaktitenförmige Gebilde werden aus Gipsplatten gehauen und zu Stalaktitengewölben von Vordächern und Torbögen verarbeitet, wie hier in der Totenstätte der Saaditen. Diese Bauform stammt ursprünglich aus Persien und wurde von den Arabern in den Maghreb gebracht und weiter entwickelt. Gewölbe dieser Art finden sich vor allem in sakralen Gebäuden, aber auch in Palästen.

Oben und unten: Die Koubba el Baroudin ist das einzige vollständig erhaltene Bauwerk aus der Almoravidenzeit in Marrakesch. Die Grabstätte wurde 1100 erbaut und 2000 vollständig renoviert. Besonders sehenswert ist das Kuppelgewölbe im Innern, das florale Muster aufweist.

Oben: In allen Städten Marokkos findet man so genannte »Salles des Jeux« – Spielhöhlen, in denen Tischfußball, selten auch Flipper gespielt wird. Da viele Jugendliche arbeitslos sind, stellen diese Spiele eine willkommene Abwechslung dar.

Unten: In Marokko dauert die Schulpflicht sechs Jahre. Schuluniformen gibt es keine, wohl aber weiße Kittel, die sich die Kinder in den Städten über ihre normale Kleidung ziehen müssen.

Rechts: Im Teppichsuq am Place Rahba Qadima von Marrakesch finden Tag für Tag gegen 17 Uhr Versteigerungen statt. Allerdings werden die wertvollen Wollgebilde nicht an Touristen verkauft, sondern von den Herstellern an die Händler. Der Besuch ist dennoch ein Erlebnis!

RIADS

Vor allem in Marrakesch findet man seit einigen Jahren immer häufiger so genannte »Riads«, Gästehäuser, die in den kleinen Palais der Altstädte untergebracht sind. Die wenigsten verfügen über mehr als fünf Zimmer, die jedoch in aller Regel sehr schön eingerichtet sind. Das arabische Wort »Riad« bedeutet eigentlich »Garten«, was auf die spezielle Architektur dieser Häuser zurückzuführen ist. Zentrum ist ein wunderschön bepflanzter Innenhof mit Brunnen, um den sich die Zimmer gruppieren – meist nur eines pro Seite und Stockwerk.

Je nach Größe bestehen diese Stadtpaläste aus mehreren Gebäuden, fast immer sind es mindestens drei, die früher als Gäste- und Repräsentationstrakt, als Familien- sowie als Bedienstetentrakte genutzt wurden. Die meisten Riads von Marrakesch sind streng genommen gar keine »Gärten«, sondern normale Stadthäuser, die von ihren Besitzern zu Werbezwecken »Riad« genannt werden – was sie nicht weniger schön macht.

Die Riads Noga (oben und unten) und Mousiqa (rechts), beide im Viertel Djedid Douar Graoua, zählen zu den schönsten Stadthäusern Marrakeschs.

Über den Hohen Atlas in den Süden Marokkos

الأطلس الأعلى

Neben dem Pfad der Geschichte gibt es noch einen zweiten Weg, sich dem Geheimnis Marokkos zu nähern. Driss, ein junger Mann, der Fahrten mit Touristen unternimmt, wird nicht müde, ihn den Besuchern ans Herz zu legen: »Einfach durch das Land reisen. Sich viel Zeit nehmen – nicht hetzen. Und vor allem: Nie glauben, etwas verstanden zu haben, denn immer dann, wenn man sicher zu sein glaubt, kommt doch alles anders…«

Begeben wir uns also auf eine Fahrt in den Süden des Landes, in die Berge und bis in die Randgebiete der Sahara hinein. Schon kurz hinter Marrakesch ändert sich die Landschaft. Steil ragen die Gipfel auf. Grün ist es hier auf der Nordseite des Hohen Atlas. Kleine Dörfer hängen wie Adlernester an den Wänden der Schluchten, und die archaische Schönheit der Natur raubt dem Betrachter den Atem.

Wo die geteerte Straße aufhört, beginnt eine aufregende Fahrt hinein ins Land der Hirten und Bauern. Im Frühjahr ziehen hier die Familien mit ihrem Vieh bergauf ins Sommerquartier, und kurz bevor es im Herbst in den Bergen zu kalt wird, um unter freiem Himmel zu leben, steigen sie wieder ins Tal hinab und kehren in die Dörfer in der Ebene zurück. Transhumanz lautet der Fachbegriff für diese bei uns auch als Almauftrieb bekannte Lebensweise, die im Hohen Atlas die übliche bäuerliche Wirtschaftsform darstellt. Im Winter betreiben die Bauern Feldbau in den Tallagen, im Sommer Viehzucht in den Bergen.

Hier im Hohen Atlas ist Marokko noch am ursprünglichsten. Die wenigsten Wege sind geteert, und manche Dörfer liegen derart abgeschieden, dass weder Lehrer noch andere Beamte jemals dorthin kommen. Es ist das Land der Berber, der alteingesessenen Bevölkerung Marokkos. Hier können sie fern der Zentralregierung ein Leben führen wie vor Hunderten von Jahren. In dieser Region sind die Berbersprachen noch lebendig, und es kann passieren, dass man selbst mit Arabisch nicht weiterkommt. Wer also das ursprüngliche Marokko finden möchte, das verborgene Geheimnis dieses Landes, der kann es am ehesten hier entdecken.

Seite 59: Im Gegensatz zu den kargen Südhängen sind die Nordhänge des Hohen Atlas wie hier im Azourkimassiv (3000 m) fruchtbar und grün.

Links: Die Cascades d'Ouzoud sind Marokkos höchste Wasserfälle. In mehreren Stufen fallen sie über rote Sinterterrassen 110 Meter in die Tiefe.

Dorf an der Straße nach Oukaimeden, Marokkos bekanntestem Wintersportort, südöstlich von Marrakesch.

Der Hohe Atlas ist das höchste Gebirge Nordafrikas und hat sogar mehrere Viertausender zu bieten – unter anderem den Djabal Toubkal (4165 m) und den Irhil M'Goun (4071 m). Das Gebirge erstreckt sich vom Atlantik etwa siebenhundert Kilometer nach Nordosten und trennt das mediterrane Marokko vom wüstenhaften Süden. Am deutlichsten wird dies bei einer Fahrt über den Pass Tizi n'Tichka sichtbar: Die Nordseite des Bergmassivs ist stark bewachsen, die Südseite nahezu vegetationslos. Im Gegensatz zum zentralen Hohen Atlas, der aus Gesteinen aus dem Paläozoikum (Erdaltertum) besteht, ist der östliche Hohe Atlas aus etwa 170 bis 190 Millionen Jahre alten Jurakalken des Mesozoikums (Erdmittelalter) aufgebaut.

Im Osten geht der Hohe Atlas in den Sahara-Atlas über. Als Folge der extremen Temperaturunterschiede vor allem in den Wintermonaten (nachts ist es sehr kalt mit Frost, tagsüber sehr warm) finden sich auf Höhen von über dreitausend Metern viele Schutthalden. Große, eiszeitliche Hangmulden und Schuttmäntel, zum Teil auch auf Höhen unter 2700 Metern, zeugen von einer eiszeitlichen Vergletscherung. Die Bevölkerung des Hohen Atlas besteht ausschließlich aus Berbern. Sie leben in den vielfach sehr tief eingeschnittenen Tälern hauptsächlich von der Viehzucht und einem bescheidenen Ackerbau. Seit einigen Jahren ist für viele von ihnen auch der Tourismus eine wichtige Einnahmequelle. Trekking im Hohen Atlas ist zu einer beliebten Urlaubsaktivität geworden, und dafür braucht es Bergführer, Maultiertreiber und natürlich Hoteliers.

Seite 62/63 und links: Um eine Erosion des fruchtbaren Bodens zu verhindern, wird in den Tälern des Hohen Atlas, wie hier in Zaouia Akanasal und Ait Ourir, Terrassenfeldbau betrieben.

Blick von den Ausläufern des Hohen Atlas auf die Ebene von Marrakesch.

Oft besitzen Familien nur eine Kuh. Um das Tier satt zu bekommen, muss es ein Familienmitglied zum Fressen ausführen.

Oben: Schafhirten im Hohen Atlas. Wohlstand manifestiert sich für viele Marokkaner in Kinderreichtum. Vor allem in den Hochebenen und tiefen Schluchten des Hohen Atlas werden Kinder statt zur Schule zum Tiere Hüten geschickt und lernen so schon früh, Verantwortung zu tragen.

Unten und rechts: Haartracht und Gesichtstatoo, vor allem von Frauen, gehören bei vielen Berberstämmen zur Identität. Doch sind sie nicht nur Stammeszeichen, sie bewahren ihre Trägerinnen auch vor bösen Geistern, schützen vor Krankheit und Verletzungen; zudem gelten sie als Zierde und Schmuck.

Links: Viele junge Marokkaner verdienen ihren täglichen Unterhalt als Bergführer. Sie zeigen Touristen verschlungene Pfade und führen sie durch die Bergwelt ihrer Heimat. Der Schasch, das blaue Tuch, dient zum Schutz gegen Sonne und Wind.

Oben: Die durchschnittliche Lebenserwartung liegt in Marokko bei siebzig Jahren. Da es keine funktionierende Sozialversicherung gibt, leben ältere Menschen bei ihren Kindern. Gerade auf dem Land ist ihre Arbeitskraft eine willkommene Hilfe.

Unten: Wie anders, als in einem Tuch, kann man Kinder transportieren, wo es weder Wege noch Straßen gibt? Frauen tragen ihre Kleinen von Geburt an am Körper, bis diese selbst laufen können.

Seite 70: Tief schneidet sich der Dades seinen Weg nach unten ins Tal. Wo es Wasser gibt, entfaltet sich Leben – auch inmitten des Wüstengebirges.

Oben: Jeder noch so kleine Weiler, wie hier am Pass Tizi n'Tichka, verfügt zumindest über eine Moschee, einen Versammlungsplatz und einen Brunnen. Dieser wird gemeinschaftlich genutzt.

Links: Malerisch liegt Telouet im Hochtal des Asif Oula. Der Ort ist weit zersiedelt, und Lehm ist, wie überall in Südmarokko, der gängige Baustoff. Seine gute Dämmwirkung hält die Häuser im Sommer kühl und im Winter warm.

Oben und rechts unten: Der Winter im Hohen Atlas dauert lange. In manchen Regionen, wie hier in Agoudal (oben) und Tilmi (rechts unten), schneit es zwischen Oktober und Mai immer wieder, und Nachttemperaturen unter 10 Grad minus sind durchaus normal. Feldbau kann nur in den Sommermonaten betrieben werden. Die langanhaltende Schneeschmelze sichert hingegen den südlichen Oasen einen ganzjährigen Oasenfeldbau. So werden Dades, Todra oder Asif M'Goun im Frühling zu reißenden Flüssen – ganz ohne Regen.

Hirte im Rosental.

Die Berber

Manche Berber behaupten, von europäischen Völkern abzustammen. Andere geben an, ursprünglich aus dem Jemen zu kommen. Beide Theorien sind wissenschaftlich nicht haltbar. Wer also sind die Berber? Auf diese Frage gibt es nur sehr unbefriedigende Antworten, denn zu der ungeklärten Herkunft kommt erschwerend die Tatsache hinzu, dass die Berber im eigentlichen Sinn kein »Volk« sind. Ihr ursprünglicher Siedlungsraum reichte von der ägyptischen Oase Siwa im Osten bis zu den Kanarischen Inseln im Westen, im Norden grenzt er an das Mittelmeer, im Süden an die Sahara. Bis ins 11. Jahrhundert gab es keine überregionale Organisation der Berber, und die größte soziale Einheit war die Großfamilie, also die Sippe. Im Kriegsfall oder in Notsituationen schlossen sich die Berber jedoch zeitweise zu einem übergreifenden Stamm zusammen. War die Krisensituation aber bewältigt, erschien ein weiterer Zusammenhalt nicht mehr nötig, und der »Stamm« löste sich wieder auf.

Die Berber selbst bezeichnen sich als »Amazirin«, als »freie Menschen«, was zwar keine Auskunft über ihre Herkunft gibt, wohl aber über ihr soziales Selbstverständnis. Eine weitere Möglichkeit, sich der Frage, wer die Berber sind, zu nähern, besteht darin, dem Wort etymologisch auf den Grund zu gehen: Ein »Barbari« ist ein Barbar; das Wort stammt aus dem Griechischen und bedeutet wörtlich »jemand, der stammelt«. Es wurde von den Römern übernommen, die es auf all jene Menschen anwendeten, die nicht die »einzig zivilisierte« Sprache, nämlich die ihre, sprachen.

Heute bezeichnet man als Berber alle Bevölkerungsgruppen, die eine der Berbersprachen sprechen, von denen in Marokko noch drei lebendig sind: Tamazight (im Mittleren Atlas), Taschelhit (im Hohen Atlas und in der Sahara) sowie Tarifit (im Norden). Diese Sprachen werden von der Arabisch sprechenden Bevölkerung Marokkos nicht verstanden. Die einzelnen Bervölker unterscheiden sich jedoch nicht nur durch ihre verschiedenen Sprachen voneinander; jede Berbergruppe hat zudem auch ihre eigene Kultur, eigene Bräuche und Traditionen, ein eigenes Kunsthandwerk und ein eigenes Liedgut.

Berber machen schätzungsweise die Hälfte der Gesamtbevölkerung Marokkos aus. Diese Zahl ist jedoch nur eine grobe Schätzung, denn seit 1300 Jahren findet eine zunehmende Vermischung zwischen Arabern und Berbern statt. Und noch immer wird die Kultur der Berber von der arabischen weiter verdrängt. Bestrebungen der letzten Jahre, die Berbersprachen wiederzubeleben und die eigene Geschichte und Kultur der Berber zu erforschen, wurden fast ausschließlich von einer intellektuellen Migrantenschicht in Frankreich getragen und fanden in Marokko nur wenig Anklang.

Oben: Rhythmen und Lieder sind wichtige Kulturschätze der einzelnen Berbergruppen. Durch sie geben die Menschen ihre Geschichte weiter, durch sie lebt die uralte Berbertradition auch im heutigen Marokko fort.

Rechts: Nur noch selten feiern Marokkaner eine traditionelle Hochzeit, bei der der Stammesschmuck getragen wird. Das Bild zeigt eine junge Berberfrau aus dem Mittleren Atlas, die anlässlich des Kirschenfestes in Sefrou als traditionelle Braut geschmückt wurde.

Die Strasse der Kasbahs

شارع القصبة

Entlang der so genannten »Straße der Kasbahs« geht es weiter gen Osten, dem großen Sandmeer des Erg Chebbi entgegen. Doch empfiehlt es sich, zunächst noch tiefer in die Bergwelt des Hohen Atlas einzutauchen und verschiedene Lehmdörfer und Lehmburgen zu besichtigen.

Ein unbedingt sehenswerter Zwischenstopp auf dem Weg in den Süden ist die Kasbah Telouet, die trotz unübersehbarer Zeichen des Zerfalls als eine der imposantesten Lehmburgen Marokkos gilt. In den 1950er Jahren hat diese größte Kasbah im Land noch über tausend Menschen beherbergt, doch heute steht sie leer. Der Berberstamm der Glaoua mit seinem Fürsten Tami Ibn Muhammad, der diese Kasbah einst bewohnte und von hier aus den Tichka-Atlaspass kontrollierte, wurde aus Marokko vertrieben. Tami Ibn Muhammad el Glaoui wird von den Marokkanern als Verräter angesehen – keiner Erinnerung wert; auf die Erwähnung seines Namens reagieren sie mit Zorn. Auch von offizieller Seite wird el Glaoui totgeschwiegen. Wer aber ein wenig in der Literatur blättert, wird schnell fündig: Im 19. Jahrhundert gelang es dem Berberklan der Glaoua, sich durch skrupelloses Vorgehen als größter Großgrundbesitzer des Südens zu etablieren. Seine Herrschaft war gefürchtet, seine Brutalität weithin bekannt.

Während die Berber erbittert gegen die französischen Machtansprüche kämpften, nutzte jener berüchtigte »Verräter« Tami Ibn Muhammad el Glaoui die Gunst der Stunde und schloss sich den Franzosen an, die 1912 das Land zu ihrem Protektorat erklärt hatten. Seite an Seite mit den europäischen Kolonialherren erkämpfte sich der »Sultan des Südens«, wie er zu dieser Zeit genannt wurde, die Vorherrschaft südlich des Atlas und ließ im gesamten südlichen Atlasvorland prachtvolle Kasbahs errichten – als Symbole der Macht und des Reichtums, aber auch zum Schutz seiner Anhänger. Der Triumph der Glaoua hielt jedoch nicht lange an. Mit der Unabhängigkeit Marokkos 1956 musste sich Tami Ibn Muhammad ergeben und Sultan Muhammad V. unterwerfen. Sein Besitz wurde verstaatlicht, und Tami Ibn Muhammad el Glaoui trat mit seiner Familie den Gang ins Exil an.

Hinter Ouarzazate ändert sich die Landschaft. Sie wird blassbraun, trocken und öde. Immer wieder lagern Ziegen- und Schafherden am Wegrand, seltener rupfen Kamele die dürren Halme. Wir sind im »Großen Süden«, wie die Marokkaner diesen Landstrich nennen, angekommen. »Vielleicht hat Gott die Wüste nur erschaffen, damit der Mensch sich an den Oasen erfreut« – dieses arabische Sprichwort drängt sich regelrecht auf, wenn nun die Straße nach rund 140 Kilometern ins Dadestal abbiegt. Grün und saftig ist das Tal, durch das sich ein kleiner Fluss schlängelt. Rechts und links des Ufers trotzen Gärten und Felder der Natur ein paar fruchtbare Meter ab. Wo immer ein Fels steht, wurden prächtige Kasbahs erbaut, und in der tiefstehenden Abendsonne ergeben sich fantastische Farbspiele.

Ksur und Kasbahs: Lebensformen im Süden

Im Süden Marokkos, vor allem im Dra- und im Dadestal sowie im Tafilalet, sind zahlreiche eindrucksvolle Lehmburgen (Kasbahs) und befestigte Dörfer (Ksur; Singular Ksar) aus Lehm erhalten geblieben, die meist aus dem 19. und 20. Jahrhundert stammen. Während sich die Ksur aus Speicherburgen als Siedlungsform zum Schutz gegen einfallende Nomaden entwickelten, hatten die Kasbahs immer mehrere Funktionen. Sie waren Wohnhäuser der Reichen, dienten Regierungszwecken oder als Wohn- und Wirkungsstätten der vom Sultan entsandten Gouverneure. Hier wurden Zölle erhoben, und Reisenden wurde Schutz gewährt. Während die Kasbahs der Reichen nur aus einzelnen Häusern bestanden, bildete die Regierungskasbah einen Komplex aus drei durch Gänge miteinander verbundenen Gebäuden: dem Wohnhaus des Gouverneurs, dem Gästehaus (Riad), das auch als Karawanserei fungierte, sowie dem Repräsentationspalast. Da sich die sozialen und politischen Verhältnisse in den letzten Jahrzehnten gewandelt haben, ein enges Zusammenwohnen nicht mehr notwendig ist und moderne Rathäuser die Regierungskasbahs ersetzt haben, sind heute viele Kasbahs und Ksur vom Zerfall bedroht. Sie haben meist nur noch dort eine Aussicht auf Bestand, wo sie als pittoreske Architekturdenkmäler erhalten oder zu Hotels umfunktioniert werden.

Unten und rechts: Die traditionellen Häuser Südmarokkos bestehen aus Lehm. Die Wände werden gestampft, Ziegel dienen nur der Verzierung.

Seite 77: Die Kasbah Amerdihil gehört zu den schönsten Kasbahs Marokkos. Sie befindet sich inmitten der malerischen Oase Skoura und kann - obwohl sie noch bewohnt ist - besichtigt werden.

Seite 78/79: Ait Benhaddou wurde als Weltkulturerbe unter den Schutz der UNESCO gestellt. Damit konnte der Zerfall des herrlich gelegenen Ortes aufgehalten werden. Heute leben hier wieder fünfzehn Familien, unter anderem von ihren Löhnen als Statisten, denn Ait Benhaddou dient den nahe gelegenen Atlas Filmstudios häufig als Kulisse.

Oben: Die Kasbah Amerdihil mit dem Hohen Atlas im Hintergrund.

Links unten: Von oben lässt sich die typische Architektur der Lehmgehöfte gut erkennen. Um den Hof herum gruppieren sich die einzelnen Räume; in einem Seitentrakt sind die Tiere untergebracht.

Rechts: Ein Eingang zum Ksar Taouirt in Ouarzazate.

Seite 84/85: Wie ein grünes Band schlängelt sich der Asif M'Goun durch den Hohen Atlas. Die Dörfer werden oberhalb der bewässerungsfähigen Fläche gebaut, um jeden Zentimeter des fruchtbaren Landes landwirtschaftlich zu nutzen.

Oben: Als internationale Filmkulisse aufpoliert, erstrahlt das Ksar Taouirt in Ouarzazate in frischem Glanz. Die weißen Fensterumrandungen sind für diese Region eher untypisch.

Links: Die Innenhöfe vieler Kasbahs werden als Garten genutzt.

Rechts: Bewohner eines kleinen Dorfes bei Agdz.

Seite 88/89: Kasbahs zerfallen, wenn sie aufgegeben werden, innerhalb weniger Jahre, wie hier im Dadestal unterhalb der so genannten »Affenpfoten« - außergewöhnlichen Felsformationen.

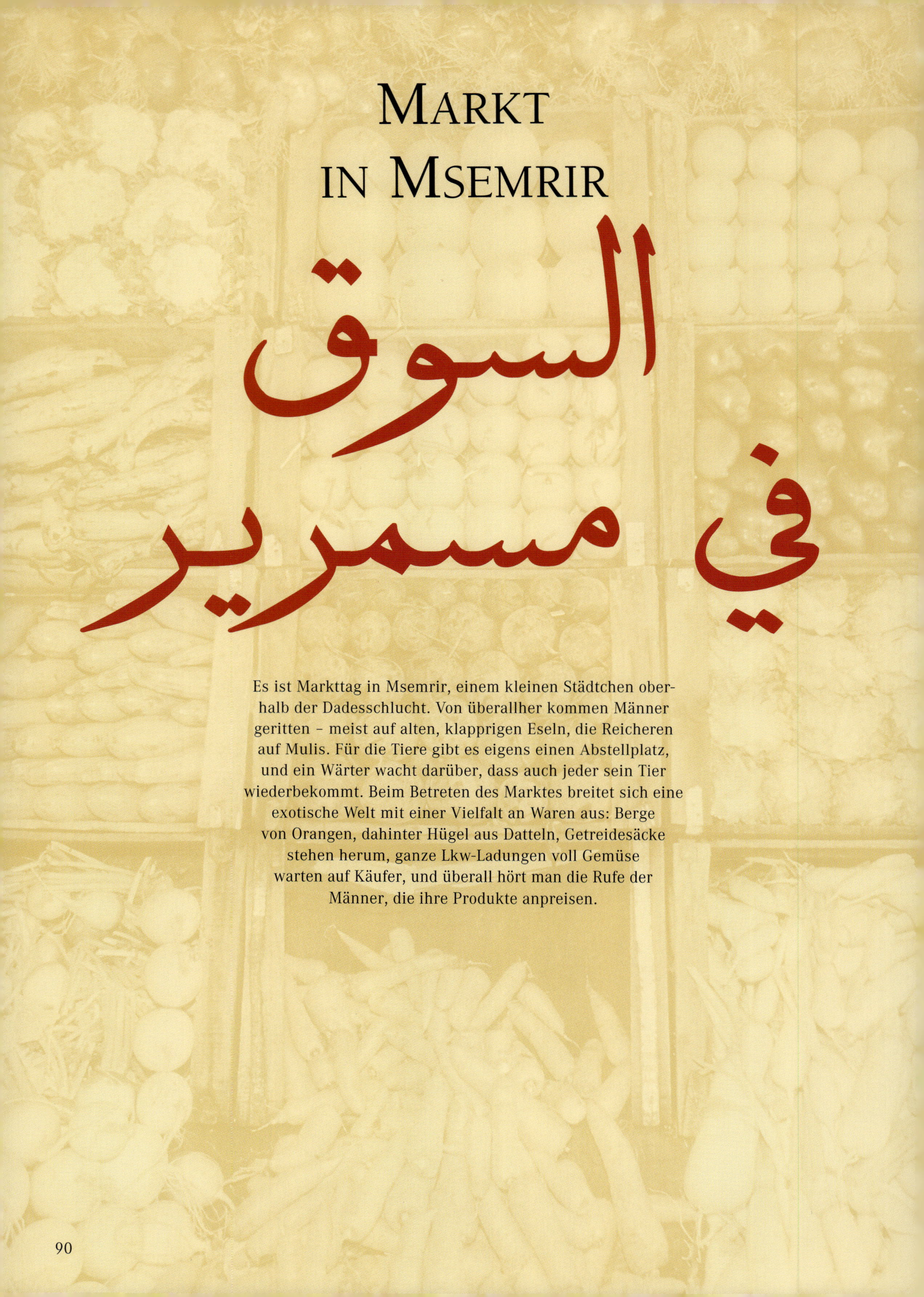

Markt in Msemrir

السوق في مسمرير

Es ist Markttag in Msemrir, einem kleinen Städtchen oberhalb der Dadesschlucht. Von überallher kommen Männer geritten – meist auf alten, klapprigen Eseln, die Reicheren auf Mulis. Für die Tiere gibt es eigens einen Abstellplatz, und ein Wärter wacht darüber, dass auch jeder sein Tier wiederbekommt. Beim Betreten des Marktes breitet sich eine exotische Welt mit einer Vielfalt an Waren aus: Berge von Orangen, dahinter Hügel aus Datteln, Getreidesäcke stehen herum, ganze Lkw-Ladungen voll Gemüse warten auf Käufer, und überall hört man die Rufe der Männer, die ihre Produkte anpreisen.

Der Besuch eines Wochenmarkts, vor allem in den Bergen, ist ein unvergessliches Erlebnis. Alle kommen zusammen. Die einen, um Obst und Gemüse für die ganze Woche einzukaufen, andere, weil sie neues Geschirr brauchen, das man nur hier findet, wieder andere, weil sie ein paar Schafe erstehen möchten. Und dann sind da natürlich noch diejenigen, die verkaufen – seien es Überschüsse aus der eigenen Produktion oder selbsterstandene Waren aus den Städten oder aus Europa, die hier mit Aufpreis weiterverkauft werden. Und alle, so unterschiedlich ihre Interessen auch sein mögen, haben an diesem Tag einen gemeinsamen Namen: Sie sind Suwwaq, »Marktgänger«.

Das Gelände des Wochenmarkts liegt fast immer außerhalb des Ortes auf neutralem Boden. Die Ortschaften wechseln sich mit ihren Markttagen ab, wodurch unnötige Konkurrenz vermieden und es den Händlern ermöglicht wird, viele verschiedene Märkte zu besuchen. Markttage sind friedliche Tage. Waffentragen ist verboten, verfeindete Stämme dürfen an diesem Tag nicht über ihre Konflikte verhandeln, und sollte auf einem Markt je ein Mord geschehen, muss der betreffende Markt für mindestens ein Jahr geschlossen werden. Eine Katastrophe für all jene, die von den Markttagen leben.

Nicht nur Orangenberge türmen sich vor den Händlern, auch anderes Obst und Gemüse wird während der Saison säckeweise verkauft.

Seite 91: Gewürze werden 200-grammweise verkauft. Beliebt sind in Südmarokko vor allem Paprika, Kreuzkümmel, Ingwer, Kurkuma und schwarzer Pfeffer.

Links oben: An Markttagen kommen die Menschen von Nah und Fern. Wer weiter als ein paar Kilometer vom Marktort entfernt wohnt oder mehr als die übliche Wochenration kaufen möchte, fährt auf einem Truck mit – dem gängigen Fortbewegungsmittel in den Bergen.

Links unten: Auf dem Wochenmarkt von Imilchil findet man alle Grundnahrungsmittel sowie Kleidung und Stoffe.

Links oben und rechts: Neben den Wochenmärkten gibt es einmal im Jahr in fast jedem Ort Marokkos einen so genannten »Moussemmarkt«, wie hier in Sefrou. Diese Märkte sind bedeutend größer als die üblichen Wochenmärkte. Hier werden neben Haushaltswaren auch Möbel, Körbe, Küchenutensilien und andere Artikel verkauft, und die Händler kommen aus dem ganzen Land zusammen. Während das Einkaufen auf Wochenmärkten vor allem Männersache ist, gibt es bei solchen Festmärkten auch schon einmal eine Frau, die zum Beispiel aus Ölteig Fladen bäckt. Frauen, die öffentlich einer handwerklichen Arbeit nachgehen, sind sonst nur in den städtischen Suqs anzutreffen.

Links unten: Natürlich dürfen auf den Suqs der Touristenorte auch Souvenirhändler nicht fehlen. Nur noch selten findet man hier wirklich alte und schöne Dinge. Das meiste sind billige Nachbildungen, die keineswegs aus fernen Saharagebieten stammen, wie gerne behauptet wird.

Das Angebot an Gemüse und Obst entspricht fast europäischen Verhältnissen.

Zu Besuch bei Nomaden

في زيارة للبدو

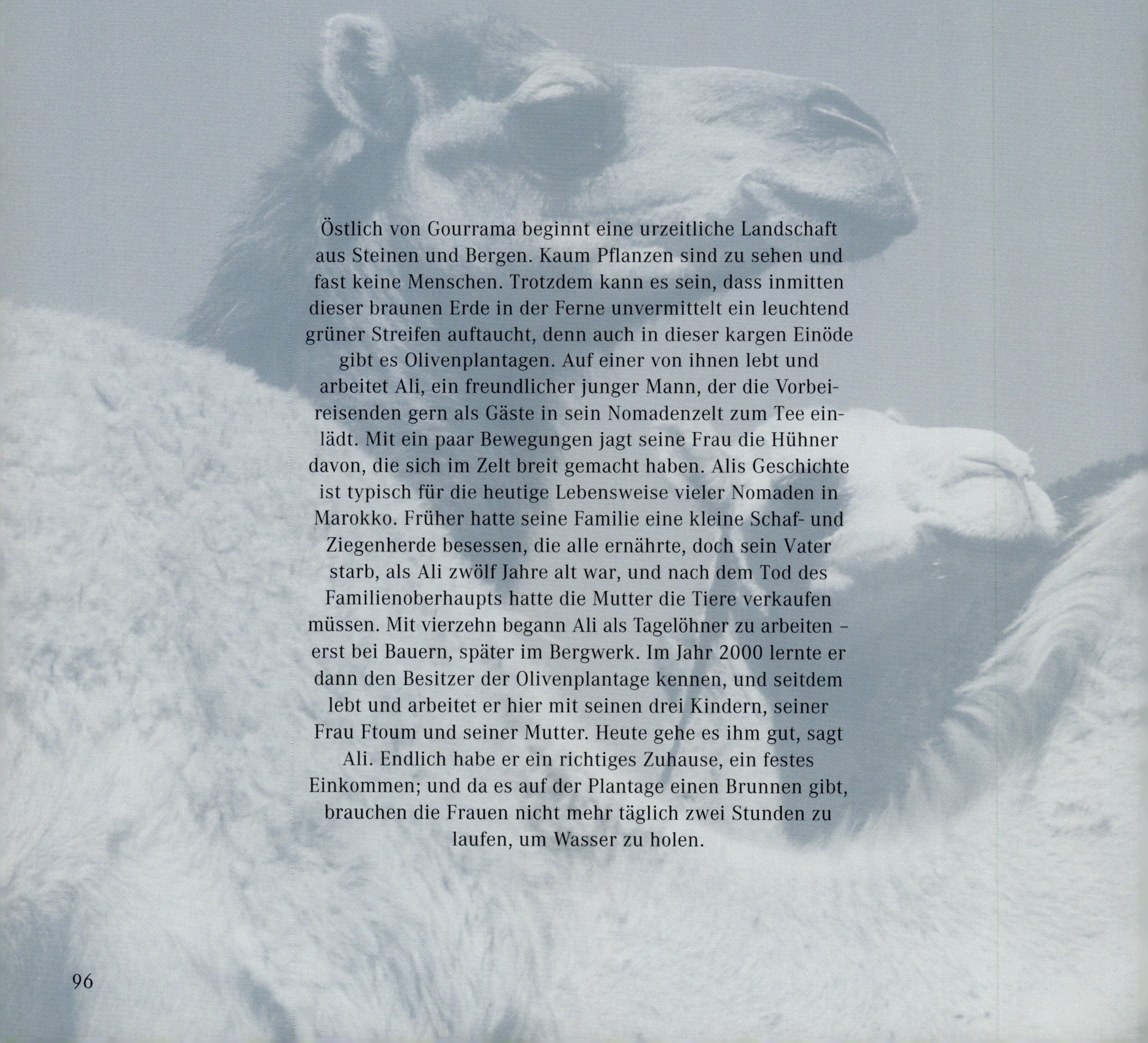

Östlich von Gourrama beginnt eine urzeitliche Landschaft aus Steinen und Bergen. Kaum Pflanzen sind zu sehen und fast keine Menschen. Trotzdem kann es sein, dass inmitten dieser braunen Erde in der Ferne unvermittelt ein leuchtend grüner Streifen auftaucht, denn auch in dieser kargen Einöde gibt es Olivenplantagen. Auf einer von ihnen lebt und arbeitet Ali, ein freundlicher junger Mann, der die Vorbeireisenden gern als Gäste in sein Nomadenzelt zum Tee einlädt. Mit ein paar Bewegungen jagt seine Frau die Hühner davon, die sich im Zelt breit gemacht haben. Alis Geschichte ist typisch für die heutige Lebensweise vieler Nomaden in Marokko. Früher hatte seine Familie eine kleine Schaf- und Ziegenherde besessen, die alle ernährte, doch sein Vater starb, als Ali zwölf Jahre alt war, und nach dem Tod des Familienoberhaupts hatte die Mutter die Tiere verkaufen müssen. Mit vierzehn begann Ali als Tagelöhner zu arbeiten – erst bei Bauern, später im Bergwerk. Im Jahr 2000 lernte er dann den Besitzer der Olivenplantage kennen, und seitdem lebt und arbeitet er hier mit seinen drei Kindern, seiner Frau Ftoum und seiner Mutter. Heute gehe es ihm gut, sagt Ali. Endlich habe er ein richtiges Zuhause, ein festes Einkommen; und da es auf der Plantage einen Brunnen gibt, brauchen die Frauen nicht mehr täglich zwei Stunden zu laufen, um Wasser zu holen.

Einer Teezeremonie beizuwohnen ist für Europäer ein besonderes Erlebnis. Die ganze Familie versammelt sich, und der Gast wird aufgefordert, Platz zu nehmen; das Wasser kocht bereits. »Whisky Marocain«, marokkanischen Whisky, nennen die Einheimischen den Tee; er soll Kraft geben und die Müdigkeit verjagen. Für die Zubereitung lässt sich der Gastgeber Zeit. »Die Europäer haben die Uhren – wir haben die Zeit«, sagt ein arabisches Sprichwort. Zunächst wird eine halbe Handvoll gerollter Teeblätter in eine Kanne gefüllt und ein wenig kochendes Wasser darübergeschüttet; nach einigen Sekunden gießt Ali das Wasser wieder aus. Diesen Vorgang wiederholt er zweimal, dann ist der Tee sauber und vorgequollen. Nun wird die Kanne mit einem Stück Zucker von etwa halber Faustgröße bestückt, bis zum Rand mit kochendem Wasser gefüllt, noch einmal auf das Feuer gestellt und der Tee mehrmals aufgekocht. Erst jetzt ist er gut. Ein Tablett mit Teegläsern wird gerichtet und der Tee aus großer Höhe in die Gläser gegossen. Dabei entsteht Schaum, und je mehr Schaum entsteht, desto besser schmeckt der Tee. Der Gast erhält immer das erste Glas. Der Tee ist heiß und süß – und er weckt die Lebensgeister.

Seite 97: Der Schasch ist die traditionelle Kopfbedeckung der Wüstenbewohner. In Marokko tragen ihn heute vor allem junge Männer, die im Tourismus arbeiten.

Links und rechts: Die Familie von Ali lebt in einem Zelt, obschon sie nicht mehr umherzieht. Seine Frau Ftoum kämmt Wolle, aus der später Nomadenzelte hergestellt werden. Haartracht und Tätowierungen weisen auf ihre Stammeszugehörigkeit hin.

Nomadismus in Marokko

In allen Gegenden der Welt, wo kein ausreichender Ackerbau möglich ist, um die Menschen zu ernähren, und die spärliche Vegetation gerade noch Viehzucht erlaubt, ist das Vollnomadentum die naturgegebene Wirtschaftsweise. Die Zucht etwa von Kamelen, Ziegen und Schafen ist allerdings nur dann möglich, wenn das knappe Vegetationsangebot durch weiträumige Wanderungen ausgeglichen werden kann. Da dies im heutigen Marokko kaum noch gewährleistet ist, haben sich die meisten der ehemaligen Vollnomaden des Landes mittlerweile zu »sesshaften Nomaden« entwickelt. Sie leben nach wie vor in ihren Zelten, arbeiten jedoch als Tagelöhner, im Bergbau oder aber auch im Tourismus. Gerade durch die Gäste aus der Fremde können viele der ehemaligen Beduinen zu bescheidenem Wohlstand gelangen. Sie schlagen ihre Zelte an besonders schönen Orten wie an Dünenkämmen oder in Oasen auf und bewirten dort die Touristen. Oder aber sie nutzen ihr Wissen über die Wüste und verdingen sich als Kameltreiber und »Wüstenguides«. Seit in Marokko Kameltrekking zu einer beliebten Urlaubsaktivität geworden ist, sind sie gefragt wie nie zuvor – als Wüstensöhne, die sich in ihrer Heimat auskennen, wie auch als Köche, die selbst in der kargen Einöde noch eine wunderbare Tajine zubereiten können und bei Not immer einen Brunnen finden. Sie selbst nennen sich nicht selten »hommes bleus«, blaue Männer, womit sie an ihre großen Helden, die Tuareg, erinnern, ja mehr noch, sich mit ihnen gleichstellen wollen. In Marokko gibt es jedoch keine Tuareg, und es hat sie hier auch nie gegeben.

Die wenigen Menschen, die in Marokko noch heute als Vollnomaden leben, durchstreifen das weite Land am Rand der Sahara, wo sie ihre Tiere den Winter über auf dem jeweiligen Kollektivland ihres Stammes weiden. Da diese Weiden jedoch im Sommer vertrocknen und nicht ausgedehnt genug sind, um dem Vieh das ganze Jahr über Nahrung zu bieten, sehen sich die Hirten gezwungen, ihr Vieh im Frühjahr auf die Weiden des Hohen Atlas zu treiben. Hierzu müssen sie allerdings die Grenze zu fremdem Stammesland übertreten und mit den Nachbarstämmen Abkommen schließen, damit diese ihnen Wege- und Weiderecht einräumen. Dass dies nicht immer ganz friedlich abläuft, erklärt sich in Anbetracht der begrenzten Ressourcen von selbst.

Rechts oben: Vor allem Halbnomaden nutzen die warmen Sommermonate, um ihre Tiere aus den trockenen Gebieten des Südens in die Berge zu bringen.

Unten und rechts unten: Nomadenkinder gehen fast nie zur Schule. Sie wachsen zusammen mit ihren Geschwistern bei den Eltern auf, die sie auch in den wichtigsten Dingen unterrichten; Lesen und Schreiben gehört selten dazu. Dafür können die Kinder aber schon in jungen Jahren Ziegen hüten, Hühner jagen und Wäsche am Brunnen oder Fluss waschen.

In der Wüste: Erg Chebbi und die Oase Tafilalet

في الصحراء

Schon von weitem zeichnen sich goldgelb die Sandberge ab, die sich bis zu zweihundert Metern Höhe erheben und kilometerweit nach Süden ziehen. Wir sind im Erg Chebbi, Marokkos spektakulärstem Dünengebiet. Der Blick von einem der Dünengipfel ist überwältigend: Sand so weit das Auge reicht – in sanften Wellen schwingt er gen Osten bis weit nach Algerien hinein. Der Erg (arabisch für »Sandwüste«) ist eines der beliebtesten Ziele westlicher Touristen. Morgens, kurz nach sechs Uhr, kommen sie aus kleinen Herbergen am Rand der Dünen und klettern auf die Dünenkämme, um ein Naturschauspiel ohnegleichen zu erleben: den Sonnenaufgang über dem Sandmeer.

Kaum vorstellbar, dass hier einst große Handelsrouten verliefen, dass an dieser Stelle ein riesiger Warenumschlagplatz war, an dem Sklaven und Gold aus Timbuktu und anderen Zentren Schwarzafrikas getauscht wurden. Dieses Gebiet Marokkos ist geschichtsträchtig, auch wenn man das auf den ersten Blick nicht vermutet. Ganz in der Nähe erhob sich einst Sijilmassa, die sagenumwobene Hauptstadt des gleichnamigen Reiches. Niemand weiß, wann genau Sijilmassa gegründet wurde, sicher ist nur, dass die Stadt zu ihrer Blütezeit im 10. und 11. Jahrhundert der Pracht von Fes oder Marrakesch in nichts nachstand.

Hier, tief im Süden des Landes, liegt auch die Wiege der bis heute in Marokko herrschenden Alawiden. Im 17. Jahrhundert, als Sijilmassa längst schon zu einer Provinzstadt geworden und vom Glanz der alten Tage nichts mehr zu spüren war, begannen die Alawiden ihren Siegeszug, in dessen Verlauf sie erst Marrakesch, 1666 dann Fes und den Norden eroberten. Moulay Ismail, der große Sultan von Meknes, versuchte Ende des 17. Jahrhunderts, Sijilmassa wieder neue Bedeutung zu verleihen, doch die Stadt war bereits nahezu verfallen und alle Bemühungen waren umsonst.

Sijilmassa lag im Zentrum der Oase Tafilalet, die noch heute als das größte zusammenhängende Oasengebiet Marokkos gilt. Sie erstreckt sich in Nord-Süd-Richtung über ungefähr dreißig Kilometer und ist von Ost nach West etwa vier bis sechzehn Kilometer breit. Im Osten wird sie vom Erg Chebbi begrenzt. Im Tafilalet leben rund vierzigtausend Menschen, die vornehmlich in der Landwirtschaft arbeiten. Bewässert wird mittels der Foggaratechnik, wobei über ein System unterirdischer Kanäle Wasser zu den einzelnen Gärten geleitet wird. Doch sind die Wasservorräte im Tafilalet sehr begrenzt, was vor allem während der Dürreperiode in den achtziger und neunziger Jahren des letzten Jahrhunderts spürbar wurde, als ganze Dattelhaine vertrockneten. Hinzu kommt das Problem der ständig drohenden Versandung der Region: Sand verstopft die Brunnen, versperrt die Wege, bedeckt die Gärten. Den Menschen bleibt nichts anderes übrig, als den Kampf dagegen aufzunehmen. Unterstützt werden sie hierbei unter anderem durch die Deutsche Gesellschaft für Technische Zusammenarbeit (GTZ), die hier Sandbarrieren baut.

Seite 103: Kameltrekking wie hier im Erg Chebbi gehört zu den beliebtesten Urlaubsaktivitäten in Wüstenländern.

Links: Der Ort Merzouga liegt direkt an den goldgelben Dünen des Erg Chebbi.

Oben: Kamele bedeuten auch bei sesshaften Wüstenbewohnern Reichtum. Sie werden allerdings nicht mehr für den Karawanenhandel benötigt, sondern als Transporttier für ausländische Touristen.

Rechts: Wo immer das Grundwasser für Wurzeln erreichbar ist, entsteht auch in der tiefsten Wüste Leben.

Seite 106 bis 109: Der Erg Chebbi gilt als schönstes Sanddünengebiet Marokkos.

Seite 110/111: Am Rande des Sandmeers warten kleine Herbergen auf Gäste, die von hier aus die Dünen erklimmen.

Seite 112: Touristen im Erg Chebbi.

Seite 113 oben: Der Erg Chebbi scheint unendlich und ist doch nur wenige Kilometer breit.

Seite 113 unten: Sandsturm in Merzouga.

Das Dratal

وادي الدراء

Wie ein grünes Band schlängelt sich der Fluss Dra mit seinen Dattelpalmenoasen durch das Braun der Wüste. Es ist eine betörende, märchenhaft schöne Landschaft, in der sich, wie an einer Perlenschnur, ein Lehmdorf ans andere reiht. Eines dieser Dörfer ist Timidarte, ein kleines Ksar nahe Tansikht. Hier wohnt Hussein, der ein ganz besonderes Projekt aufgebaut hat. Timidarte ist wie viele kleine Lehmdörfer im Dratal von zunehmendem Zerfall bedroht. Schuld hieran ist vor allem die schlechte wirtschaftliche Lage in dieser Region, die immer mehr Jugendliche in die Städte des Nordens abwandern lässt. Lehm aber zerfällt, wenn man ihn nicht ständig erneuert, und so sind in Südmarokko viele Dörfer in Gefahr, für immer zu verschwinden. Denkmalpflegerische Großinvestitionen lassen sich hier schlecht realisieren, und ein Massentourismus wäre dem kulturellen Erbe der Region kaum förderlich. Was also tun? Husseins Idee bestand darin, in Timidarte eine Infrastruktur zu schaffen, die einen sanften, die kulturellen Gegebenheiten wahrenden Tourismus erlauben würde und so eine neue Einkommensquelle für die Bewohner des Dorfes entstehen ließe. Hierfür sollten mithilfe der Dorfbevölkerung, aber auch durch Touristen oder Studentengruppen, die alten, halb zerfallenen Lehmhäuser wieder aufgebaut werden, und die Frauen sollten ihre traditionellen Knüpfrahmen wieder hervorholen.

Frau vom Stamm der Mezguita in Timidarte.

Souvenirläden wie hier in Agdz erkennt man oft schon von Weitem an den buntgemusterten Berberteppichen.

Es entstand der Plan eines Projekttourismus nach einem in Deutschland schon lange erfolgreichen Prinzip – nur dass man hier statt »Ferien auf dem Bauernhof« vielmehr »Ferien im Berberdorf« anbieten wollte. Diese Idee wurde der Association Taskala – eine Vereinigung, die sich um das Dorf und die Belange seiner Einwohner kümmert – vorgetragen, und nach einem Jahr Bedenkzeit sagten die Dorfbewohner zu. Sie selbst wollten das Dorf erhalten sehen, und alle boten ihre Hilfe an. So wurden die ersten Häuser renoviert, die alte Teppichknüpferei wurde wieder in Betrieb genommen, und in den Oasengärten machten sich die Frauen daran, wieder Gemüse zu pflanzen. Später wurden die amerikanische Organisation Helen Keller International sowie mehrere Reiseveranstalter auf das Timidarte-Projekt aufmerksam, dank deren finanzieller Unterstützung es heute auf gesicherten Füßen steht. Die ausländischen Gäste genießen den Aufenthalt in Timidarte, auch wenn sie hier nicht komfortabel in Hotels, sondern bei Familien zu Hause wohnen – wo sonst kann man Marokko so hautnah und authentisch erleben wie hier! Inzwischen ist auch die Wasserversorgung im Dorf ökologisch umgestaltet, und wo immer Familien in das alte Dorf zurückziehen, wird Elektrizität verlegt.

Seite 115: Einmal pro Woche treffen sich die Frauen am Dra, um gemeinsam zu waschen.

Rechts: Auch im Dratal ist Lehm das traditionelle Baumaterial.

Seite 118/119: Dank der Folklore und Musik bewahren die Menschen ihr kulturelles Erbe. Sie geben die Melodien und Lieder von Generation zu Generation weiter. Das einzige Instrument, das hier neben der Stimme verwendet wird, ist die Rahmentrommel, der Bandir.

An manchen Abenden wird in Timidarte für die Touristen eine Folkloreveranstaltung organisiert. Auch das gehört zum Projekt. Für ihre Auftritte ziehen die Musiker ihre traditionellen weißen Trachten an und hängen sich Kurzschwerter um. Über dem knisternden Feuer erwärmen sie zunächst ihre Trommeln. Dann geht es los. Sanft erklingen die ersten Schläge, werden immer lauter und heftiger, bis zu guter Letzt alle Männer auf ihren Instrumenten den dröhnenden Rhythmus der Nacht tönen lassen. Dazu erheben sich Stimmen, und rauhe Lieder werden gesungen. Alle Lichter sind ausgeschaltet, nur das Feuer in der Mitte, von dem Funken in den Nachthimmel sprühen, erhellt die Gesellschaft. Wer an einem solchen Abend teilnehmen kann, fühlt sich dem wirklichen Marokko sehr nahe.

Oasenfeldbau in Südmarokko

In den Oasen Südmarokkos wird Bewässerungsfeldbau betrieben. Hierzu wird das Wasser durch kleine Kanäle geleitet und fließt dann in die Felder. Drei verschiedene Kultivierungszonen lassen sich unterscheiden: Direkt auf den Feldern wachsen Getreide, Gemüse und Kartoffeln; daneben, entlang der Wasserkanäle, in erster Linie Buschpflanzen und niedrige Obstbäume, vor allem Granatapfel-, Aprikosen- und Orangenbäume; umrandet werden die Felder und Wege schließlich von Dattelpalmen, die bis zu fünfzig Meter aufragen und so den nötigen Schatten für die Pflanzen darunter liefern. Dieser Oasenfeldbau wird immer noch nach dem traditionellen Khamasatsystem betrieben. Khamasat bedeutet Fünfteilung, in diesem Fall eine Fünfteilung der landwirtschaftlichen Produktionsmittel Boden, Saatgut, Wasser, Arbeitsgerät und Arbeitskraft. Die Ernte wird dementsprechend anteilig an all diejenigen verteilt, welche eines oder mehrere dieser Produktionsmittel zur Verfügung stellen. Doch so einfach das klingen mag, das System ist kompliziert – vor allem in Bezug auf den Boden- und Wasserbesitz. Verwirrende überlieferte Konventionen und komplizierte Vererbungssysteme führen dazu, dass zum Beispiel ein Bauer einerseits Wasserrechte auf einem Terrain hat, das er gar nicht besitzt, ihm aber andererseits Land gehört, für das er kein Wasserrecht hat. Deshalb wird Wasser immer hin und her verkauft, und nur der Wasserwächter weiß genau, wem eigentlich was gehört.

Das Produktionsmittel Arbeitskraft wird in den meisten Fällen durch einen Pächter gestellt, der als Entlohnung für seine Arbeit ein Fünftel der Ernte erhält. Ist der Pächter in der Lage, auch einen Esel und anderes Arbeitsgerät zu stellen, stehen ihm zwei Fünftel der Ernte zu. Meist sind diese Pächter Haratin, also schwarze Marokkaner, die einst von den Berbern als Sklaven gehalten wurden. In der Regel schicken sie ihre Frauen auf die Felder, die für Saat, Pflege und Ernte zuständig sind. Die Männer selbst übernehmen ausschließlich das Umgraben des harten Bodens.

Seite 120 und oben: Typische Oase in Südmarokko.

Links: Abgesehen vom Pflügen ist Feldarbeit Frauenarbeit. Frauen schneiden Gras und Getreide mit der Sichel und tragen ihre Ernte dann auf dem Kopf nach Hause.

Spuren der Geschichte (II): Von den Almoraviden zu den Saaditen

معالم تاريخ المغرب

Taroudannt, die alte Handelsstadt östlich von Agadir, ist ein Ort von besonderer historischer Bedeutung. Zum ersten Mal seit wir Marrakesch verlassen haben, durchquert unsere Reiseroute hier wieder eine Stadt, von der aus einst die Geschicke Marokkos gelenkt wurden, denn dieses bunte Marktzentrum inmitten der Sousebene war im 16. Jahrhundert unter den Saaditen für kurze Zeit die Hauptstadt des Reiches. Doch was ist in der Zwischenzeit passiert – in der Zeit zwischen der Herrschaft der Almoraviden, die die Stadt Marrakesch so geprägt hat, und der der Saaditen, auf deren Zeugnisse man hier in Taroudannt stößt? Immerhin liegen fünfhundert Jahre dazwischen.

Den Almoraviden folgten im 12. Jahrhundert die Almohaden. Auch sie waren Berber, allerdings sesshafte. Der religiöse Anspruch der Almoraviden war seit dem Tod ihres geistigen Führers Abdallah Ibn Yassin 1059 mehr und mehr zurückgegangen – eine Entwicklung, der die Almohaden eine religiöse Erneuerungsbewegung entgegensetzten. Sie nannten sich diejenigen, »die sich zur göttlichen Einheit (*al-muwahidun*) bekennen«, doch von einer religiösen Herrschaft konnte keine Rede sein, denn auch für die Almohaden stand vor allem das Streben nach Macht im Vordergrund. Sie verlegten die marokkanische Hauptstadt von Marrakesch nach Rabat, kämpften von dort aus gegen die christlichen Feinde in Spanien und trugen zunächst eine Reihe von Siegen davon. Lange konnten auch sie allerdings das Reich nicht halten. Die Almohaden verloren im Volk schnell an Glaubwürdigkeit, und Marokko, obschon nominell noch von den Almohaden beherrscht, versank in Anarchie. Da betrat eine neue Berberdynastie die Bühne der Geschichte: die Meriniden. Von Norden kommend eroberten sie erst Meknes, dann Fes und 1269 auch Marrakesch und beendeten so die Almohadenherrschaft.

Dies bedeutete aber auch das Ende eines berberischen Großmaghrebs. Wieder zerfiel das Land in viele Kleinstaaten, denn die Meriniden herrschten nur auf lokaler Ebene. Wo sie regierten, schufen sie aber großartige Bauten und Städte, wie Fes el Djedid, das »neue Fes«, oder auch Chefchaouen. Einen vereinten Maghreb sollte es erst wieder im 16. Jahrhundert unter den Saaditen geben. Diese hatten sich schon längere Zeit in Taroudannt angesiedelt, bis sie 1524 ihren ersten militärischen Vorstoß wagten. Dreißig Jahre später regierten sie ganz Marokko. Unter ihrer Herrschaft dehnte sich das Reich zu nie dagewesener Größe aus und erstreckte sich vom Mittelmeer bis nach Timbuktu, vom Atlantik bis tief ins heutige Algerien hinein. Die Saaditen stützten ihre Macht auf die Kontrolle des Karawanenhandels im gesamten Maghreb. Dennoch war ihr Reich instabil, denn gleichzeitig erhoben Europäer und Osmanen Ansprüche auf die Küsten und Reichtümer des Landes.

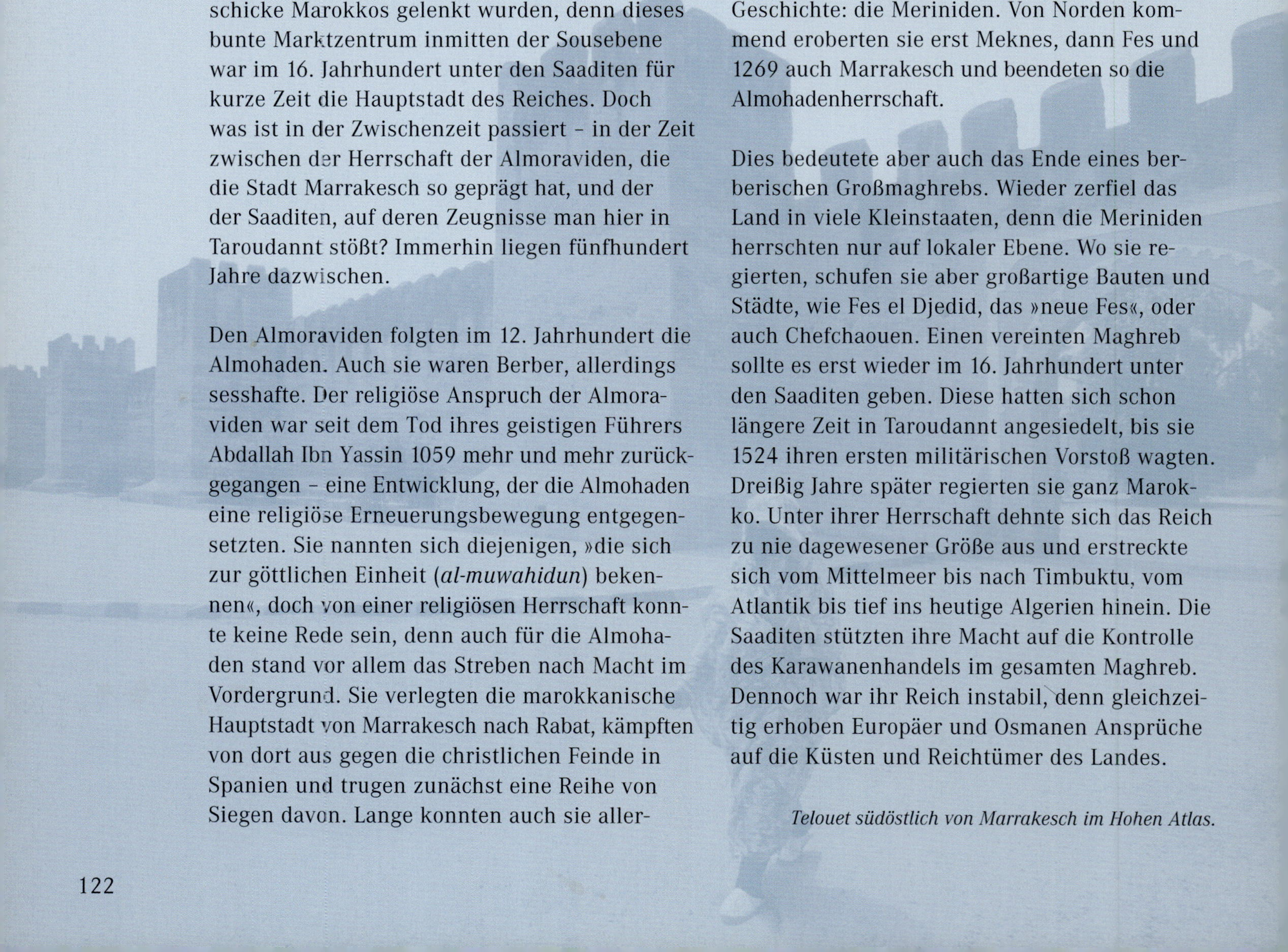

Telouet südöstlich von Marrakesch im Hohen Atlas.

Agadir und Anti-Atlas

أغادير

Die Stadt Agadir empfängt den Reisenden mit einem warmen Klima. Und obwohl sich hier entlang der Küste ein Hotel ans andere reiht, ist es ein angenehmer Ort. Keine andere marokkanische Stadt ist so modern – besteht Agadir doch ausschließlich aus Neubauten, die nach dem katastrophalen Erdbeben von 1960 entstanden sind. Bereits wenige Hundert Meter hinter dem Strand ist kaum mehr etwas von den Scharen ausländischer Pauschaltouristen zu sehen. Hier leben vor allem einheimische Familien, Studentinnen und Studenten sowie Marokkaner, die im Tourismus arbeiten.

Über die frühe Geschichte Agadirs ist wenig bekannt. Das erste schriftliche und somit sichere Zeugnis findet sich aus dem Jahr 1505, als die Portugiesen nördlich der heutigen Stadt die Siedlung Santa Cruz de Cap de Gué errichteten. Sie entwickelte sich zu einem kleinen Handelszentrum besonders für Kaufleute aus Portugal und Spanien. 1541 wurde die Stadt von den Saaditen erobert. Sie bauten den Hafen aus und erweiterten dadurch die Bedeutung Agadirs für den Handel. Doch bereits hundert Jahre später begann der langsame Niedergang der Stadt, da sie für die Europäer, die ihren Handel nach Mittelamerika verlagerten, an Bedeutung verlor. 1765 wurde der Hafen für den Wirtschaftsverkehr mit Europa geschlossen. Essaouira übernahm die einstige Rolle, und Agadir versank im Dornröschenschlaf, bis sich Anfang des 20. Jahrhunderts europäische Firmen hier niederließen. 1917 wurde die Stadt von den Franzosen besetzt. Marokkos Unabhängigkeit 1956 führte zum langsamen Niedergang der französischen Industrie, und heute ist Agadir vor allem ein Zentrum für den Badetourismus.

Seite 125: Ein beliebtes Ausflugsziel in der Nähe von Agadir ist die Region rund um Tafraoute. Afella Adai ist einer der malerischsten Orte des Anti-Atlas mit den für dieses Gebiet typischen roten Häusern und weißen Fensterumrandungen.

Links oben: Zwanzig Tonnen Farbe hat der belgische Künstler Jean Vérame für die Bemalung dieser Felsen nahe der Stadt Tafraoute im Anti-Atlas benötigt. Es ist eins von zwei Kunstwerken dieser Art. Das andere befindet sich im südlichen Sinai, nahe dem Berg Moses.

Links unten: Das Dorf Agar Oudad unter dem Napoleonfelsen.

Rechts: Die Winderosion hat wahre Wunder geschaffen. Wie ein Pilz erhebt sich dieser Fels in der Nähe von Taski.

Unten: Kobras gelten als die Königinnen unter den Schlangen. Bei Fort Bou Jerif lebt und arbeitet Omar mit seinen Kobras. Während man auf dem Djema el Fna in Marrakesch verschiedene Schlangen zeigt, denen die Giftzähne gezogen wurden und die deshalb einen jämmerlichen Hungertod sterben müssen, lässt Omar seinen Kobras ihre Zähne und zähmt sie alleine mit seinem Willen.

Agadir – Speicherburg

»Agadir« ist das Berberwort für eine Speicherburg. Solche Speicherburgen sind eine typische Bauform der Region südöstlich der nach ihnen benannten Touristenmetropole. Doch wie sind diese Burgen entstanden?

Weiträumige Siedlungsformen waren gegenüber dem wiederholten Eindringen von meist arabischen Nomadenscharen in diesen Raum besonders anfällig, was dazu führte, dass die hier wohnenden Berber all ihr Hab und Gut an einer Stelle versammelten, die sich gut verteidigen ließ. Hohe Felsen boten hierfür ideale Orte, und so wurden auf ihnen spezielle Gebäude errichtet, in denen die Berber alles, was ihnen wichtig war, lagern konnten: Getreide und andere Agrarprodukte, Waffen, Schmuck, Geld, Kleidung und Urkunden. Die jeweilige Gesamtanlage wurde in Gemeinschaftsarbeit eines Klans erbaut, die einzelnen Parzellen dann von den diversen Stammesfamilien selbst fertig gestellt.

Jeder Agadir hatte einen Wachturm und war außerdem von Wällen und Dornenhecken zur Verteidigung umgeben. Aus den reinen Speicherburgen entstanden bald schon kombinierte Wohnburgen mit Speicherfunktion, aus denen sich wiederum das befestigte Wehrdorf aus Lehm, das Ksar, entwickelte. Heute haben die Agadire ihre Schutzfunktion verloren, die Ksur aber bestehen weiterhin.

Rechts: Souvenirhändler schlüpfen gern in die Tracht der »Hommes bleus«, der mit einem blauen Gesichtsschleier gekleideten Tuareg.

Unten: Tissergane gehört zu den am besten erhaltenen Agadiren.

Besuch bei einer Frauenkooperative

Nirgendwo sonst im Land trifft man auf so offen wirkende Frauen wie in Agadir. Eine dieser Frauen ist Fatima, die Beauftragte für mehrere Frauenkooperativen in der Umgebung. Meist fährt sie bereits am frühen Morgen gen Süden in Richtung Oued-Massa-Nationalpark, um eine Arganienölkooperative zu besuchen. Arganien heißen die knorrigen Bäume, die nur in diesem Teil Marokkos zu finden sind. Die Marokkaner nennen diese Bäume auch Ziegenbäume. Nicht nur, weil tatsächlich Ziegen in ihren Baumkronen herumklettern, sondern auch, weil diese Tiere bei der Herstellung des köstlichen Öls helfen, das aus den Kernen der Früchte dieses Baumes gewonnen wird. Die Ziegen lieben das Fruchtfleisch, das sich nur sehr schwer vom Stein löst, während sie den unverdaulichen Kern wieder ausscheiden. Also lässt man die Ziegen die Arganienfrüchte fressen, und die Frauen sammeln die getrockneten Ziegenköttel ein, aus denen die Kerne herausgewaschen werden. Nachdem die Arbeiterinnen die Kerne gründlich gesäubert haben, klopfen sie mit spitzen Steinen deren harte Schale auf und lösen das weiche, helle Innere heraus, das dann geröstet und zu Öl gepresst wird.

Kooperativen wie diese entstanden vor allem in den 1990er Jahren. Man versuchte damit, drei drängende Probleme gleichzeitig in den Griff zu bekommen – neben dem drohenden Aussterben der nur hier vorkommenden Arganienpflanze die zunehmende Landflucht sowie die hohe Analphabetenrate unter Frauen. Die Projekte sind erfolgreich, denn in den Kooperativen erhalten die Frauen neben einer Arbeit auch Unterricht in Lesen und Schreiben. In der Region rund um Agadir ist hierfür Fatima zuständig. Sie unterrichtet, ist Ansprechpartnerin für Probleme und fungiert somit als Bindeglied zwischen dem Staat und den Frauen.

Die Arganienpflanze war vor allem durch Überweidung und Abholzung vom Aussterben bedroht; ihr Wert war schon fast vergessen und die traditionelle Ölherstellung beinahe verschwunden. Dabei ist dieser besondere Baum die optimale Pflanze für diese Region, denn sie hat sich der trockenen Landschaft voll und ganz angepasst. In Dürreperioden wächst sie nur langsam, doch sobald ein wenig Regen fällt, entfalten sich ihre Blätter und Früchte. Aus ihnen wird das wertvolle und nicht eben billige Öl erzeugt, das nachgewiesenermaßen bei Haut- und Rheumaleiden hilft sowie Schmerzen und Herzleiden lindert. Aus den gerösteten Kernen lässt sich zudem ein wohlschmeckendes Speiseöl herstellen.

Ziegen suchen sich ihre Nahrung auf Arganienbäumen.

Links: Frauen der Kooperative Tamount beim Schälen der Arganiennüsse. Die Nuss aus ihrer Schale zu befreien ist harte Arbeit.

Marokkos Frauen

Solange sie nicht verheiratet sind, können Marokkos Frauen in den Städten ins Café gehen, dürfen ausgehen, bummeln, Freundinnen besuchen, können studieren und in Wohnheimen leben. Sind sie deshalb frei? Auch wenn es zunächst so scheint, hören die meisten Freiheiten doch spätestens dann auf, wenn ein Mann ins Spiel kommt. Sobald eine marokkanische Frau einmal verlobt ist, bleibt sie überwiegend zu Hause, und dann ist nichts mehr mit Ausgehen – und meist auch nicht mit Arbeiten. Vor dem Gesetz haben hier Frauen dieselben Rechte wie Männer, doch in der Realität sieht es häufig anders aus.

Über viele Jahre hinweg haben Marokkos Frauen für ihre Gleichberechtigung gekämpft, die sie 2003 auch per Gesetz erhalten haben – auf persönliche Initiative von König Muhammad VI. »Wie kann man auf Fortschritt und Wohlstand hoffen, wenn die Interessen der Frauen missachtet werden?«, fragte Muhammad in seiner Rede vor dem Parlament am 10. Oktober 2003. Sie rief ein wahres Erdbeben hervor und hatte eine Änderung des marokkanischen Familienrechts zur Folge, durch die die alten, frauenfeindlichen Gesetze aufgehoben wurden. Damit ist Marokko nun der erste islamische Staat, in dem Frauen und Männer rechtlich völlig gleichgestellt sind. War es bis dahin einem Mann etwa erlaubt, seine Gattin zu verstoßen oder gegen ihren Willen eine zweite, dritte oder vierte Frau zu ehelichen, so ist dies nun nahezu unmöglich. Frauen brauchen auch nicht mehr zu gehorchen. So unglaublich es klingen mag: Bis zu dieser Gesetzesänderung unterstanden sie einer Gehorsamspflicht gegenüber ihren Männern. Neu ist auch, dass Marokkanerinnen ihren Ehepartner selbst bestimmen dürfen; sie brauchen keinen Vormund mehr. Außerdem wurde das Mindestalter für die Ehe von sechzehn auf achtzehn Jahre heraufgesetzt.

Immer wieder hatte der König versucht, dieses Gesetz zu verabschieden, und war stets am Widerspruch der Parlamentarier und am Vorwurf, unislamisch zu handeln, gescheitert. Ersteres ließ den König vergleichsweise ungerührt, für Zweiteres aber musste eine Lösung gefunden werden, und so ließ er mithilfe islamischer Gelehrter einen in allen Punkten mit dem Koran übereinstimmenden Gesetzestext erarbeiten. Nun können selbst fundamentalistische Eiferer nicht mehr den König und seine Fortschrittsbestrebungen kritisieren – hat er sie doch mit ihren eigenen Waffen geschlagen.

Doch ein Gesetz allein reicht nicht aus, bestehende Strukturen zu ändern, und die sind in Marokko noch immer patriarchalisch geprägt. Außerdem hemmt die hohe Analphabetenrate unter Frauen nach wie vor eine Entwicklung, wie sie sich die moderne Frauenbewegung wünscht. Es bleibt nur zu hoffen, dass der Wandel in den Köpfen der Menschen schneller vorangeht, als es bei der Gesetzesänderung der Fall war – denn für diese wurde über zwanzig Jahre lang gekämpft.

Frauen mit schwarzen Schleiern sieht man in Marokko nur selten. Auf dem Land tragen sie meist ein Kopftuch; es ist oft bunt und bedeckt nur die Haare. In den Städten tragen vor allem junge Frauen ihr Haar meist offen.

Essaouira und die Atlantikküste

الصويرة

Zwischen Agadir und Essaouira mit seinem malerischen Hafen liegen gerade mal drei Stunden Fahrzeit. Von den umliegenden kleinen Werften tönt monotones Sägen und Hämmern; die Fischkutter werden hier noch nach traditioneller Art ganz aus Holz gefertigt. Wenn kurz vor Sonnenuntergang die Boote in den Hafen heimkehren, ist es besonders schön. Dann werden ganze Fischladungen, vor allem Sardinen, auf Lkws verfrachtet, damit der Fisch in einer der vielen Fabriken an der Küste zu Konserven weiterverarbeitet werden kann. Mit dem Wickelgewand Haik bekleidete Frauen gehen suchend umher und hoffen, für ein paar Dirham das Beste vom Fang zu erstehen. Kaum sind nämlich die ersten Fischerboote im Hafen, breiten fliegende Händler in Windeseile ihre Decken auf dem Boden aus, um die frisch gefangene Ware feilzubieten: Riesenkrabben, Garnelen, Hechte, Hummer, Doraden und vieles andere.

Die Ursprünge des Hafens gehen auf Hanno zurück, einen karthagischen Feldherrn aus dem 5. Jahrhundert v. Chr. Die Römer nutzten den Hafen nicht, dafür aber die vorgelagerten Inseln, die ihnen zur Zucht der Purpurschnecke dienten, deren Farbstoff sehr begehrt war. 1506 wurde an dieser Stelle das die Stadt bis heute einrahmende portugiesische Fort errichtet, und noch einmal 270 Jahre später unter dem Namen Mogador die heutige Stadt gegründet. Der Hafen, dem Essaouira seine Existenz verdankt, ist noch immer von großer Bedeutung. War er früher mehr Warenumschlagplatz und gewissermaßen der »Haushafen« von Marrakesch, so spielt er heute vor allem für die Sardinenfischerei eine wichtige Rolle. 1981 dehnte Marokko seine Hoheitsgewässer auf eine Zone von zweihundert Seemeilen vor der Küste aus und befischt seitdem den dank seines Planktonreichtums

sehr fischreichen Kanarenstrom. So wurde Marokko zum zweitgrößten Sardinenexporteur weltweit.

Essaouira gehört zu den eindrucksvollsten Orten Marokkos. Die Stadt scheint ihren ganz eigenen Rhythmus zu leben. An keinem anderen Ort des Landes haben sich so viele Künstler niedergelassen. Hier leben Maler und Bildhauer, Aussteiger und Paradiesvögel, Surfer und Hippies. Sie alle prägen das Ambiente der Stadt.

Seite 135 und oben: Essaouira mit seiner Festungsmauer.

Links und Rechts: Die Frauen Essaouiras sind selbstbewusst und überlassen den Einkauf nicht ihren Männern – wie sonst in Marokko häufig üblich.

Links: Essaouira gilt als Künstlerparadies – eine Galerie reiht sich an die nächste. Auch Häuserwände werden bemalt, wie hier in der Altstadt. Die Alltagsmotive sind meist eher naiv, selten abstrakt.

Unten: Kleine Läden links und rechts der Hauptstraße bieten viele offene Lebensmittel an. So ermöglichen sie auch der ärmeren Bevölkerung den Kauf kleiner Mengen.

Rechts: Die Gassen der Medina von Essaouira sind verwinkelt und häufig überdacht. Nur wer sich auskennt, findet leicht wieder heraus.

Von Essaouira führt eine wenig befahrene Küstenstraße nach Norden. Links leuchtet das tiefe Blau des Atlantiks, rechts erheben sich sanfte Hügel. Hirten treiben ihre Schafe mitten auf der Straße, und Bauern kommen vollbepackt von ihren Feldern. Am Ufer werfen Fischer ihre Netze aus, und draußen auf dem Meer fahren die heimkehrenden Fangboote ihren Häfen entgegen.

Oben: Nördlich von Essaouira liegt das kleine Fischerdorf Redina an einer weiten Sandbucht.

Links und rechts: Entlang der marokkanischen Atlantikküste finden sich hunderte Kilometer herrlichster Sandstrände. Nur Fischer suchen sie auf, um ihrer Arbeit nachzugehen.

Marokkanische Hochzeit

Hinter Oualidia zieht eine Hochzeitsgesellschaft über die Straße. Solche Hochzeiten sind oft öffentlich; jeder, der mag, ist willkommen, und wer als Tourist die Gelegenheit hat, eine marokkanische Hochzeit mitzuerleben, sollte sich dieses Erlebnis keinesfalls entgehen lassen.

Marokkanische Hochzeiten dauern in der Regel zwei bis drei Tage, auf dem Land häufig noch länger. Der wichtigste Tag ist der letzte, denn erst an diesem Tag werden Braut und Bräutigam zusammengeführt. Während die Frauen im Haus der zukünftigen Ehefrau Tee trinken, Kuchen essen und sich frohgelaunt zurechtmachen, ziehen die Männer in einer langen Prozession von der Wohnung des Mannes zu der seiner Verlobten. Dann beginnt die Zeremonie: Zu Tanz und Gesang von Folkloregruppen werden die zukünftigen Eheleute in zwei Sänften zu einem Podest getragen. Ihnen folgen die Männer, die auf ihren Köpfen die Geschenke des Bräutigams bringen: Goldschmuck, Kleidung, Henna, aber auch ein Schaf, das den zukünftigen Reichtum des Paares demonstrieren soll.

Das Fest dauert meist bis in die frühen Morgenstunden, und das Essen wird häufig erst irgendwann gegen Mitternacht aufgetischt.

Unten: Mit Geschenken bepackt ziehen die Hochzeitsgäste des Mannes zum Haus der Braut. Sie tragen dabei ihre beste Kleidung – oder wie hier in Sefrou, ihre Stammestracht.

Rechts: Die Braut wird, einer Königin gleich, auf einem Thron durch den Saal oder den Garten getragen, damit jeder der Gäste ihre Schönheit bewundern kann.

Hennamalerei

Was in der westlichen Welt als »Mehndi« im Trend liegt, nämlich die aufwendige Bemalung von Händen und Füßen, ist in vielen arabischen und islamischen Ländern eine uralte Tradition. Vor allem bei Hochzeiten kommen professionelle Hennamalerinnen, sogenannte Hinnaya, zum Einsatz. Bereits Tage vor dem eigentlichen Fest beginnen sie, die Hände und Füße der Frauen der Familie sowie die ihrer Freundinnen zu bemalen. Den Höhepunkt aber bildet das Hennafest, der Tag vor der eigentlichen Trauung, wenn die Braut selbst ihre Verzierungen erhält.

Früher benutzte die Hinnaya zur Bemalung der Haut ein kleines Stäbchen, mit dem sie den aus den Blättern des Hennastrauchs gewonnenen Farbstoff auftrug, heute verwendet sie ausgediente Spritzen. Henna wird mit heißem Wasser angerührt und in den Kolben aufgezogen, danach kann gemalt werden: Beliebt sind vor allem Blumenmuster, Punkte und Herzen. Häufig findet man in den Verzierungen auch ein Auge – es soll seine Trägerin vor dem bösen Blick schützen. Henna wird eine besondere Segenskraft zugeschrieben. Deshalb spielt es nicht nur bei religiösen Festen eine wichtige Rolle, sondern auch bei jeder Wallfahrt. Nicht selten beginnt ein Pilgerbesuch mit dem Auftragen der heilbringenden Paste. Manchmal werden auch die Hände in hennagefärbtes Wasser getaucht, bevor man sie an die weißen Wände der Grabkammer eines Heiligen drückt. Die Pflanzenfarbe wird so gleichsam zum Übertragungsmedium für den vom Verstorbenen ausgehenden Segen. Die Hennakunst ist allein Frauen vorbehalten. Nur sie bemalen Hände – und nur ihre Hände werden bemalt.

Welche Muster eine Hinnaya aufträgt, ist ihr selbst überlassen. Jede Bemalung einer Hand oder eines Fußes ist ein Unikat, da nicht mit Schablonen gearbeitet wird.

Kultur in Marokko

الفن والثقافة في المغرب

Traditionelles Kunsthandwerk in Marokko – seien es Teppiche, Töpferwaren, Architektur oder Wandverkleidungen in Moscheen und Koranschulen – dient niemals alleine der Zierde. Man kann sogar einen Schritt weiter gehen und behaupten, dass Zierde maximal ein positiver Nebeneffekt ist, denn der eigentliche Zweck jedes Handwerks ist die Dienlichkeit des Gegenstandes. Muster, wenn überhaupt vorhanden, sind für Geister angefertigt, die beschwichtigt werden müssen oder Fruchtbarkeit bringen sollen; arabische Kalligraphien dienen der Anbetung Gottes und Stammeszeichen auf Schmuck oder Teppichen fungieren als Identifikationsmerkmale.

Gleiches gilt auch für die Literatur – oder besser ausgedrückt, die Erzählkunst – und natürlich für die Musik, wobei letztere traditionell durchaus auch zum Zwecke der Unterhaltung genutzt wird. Beide Formen der Kunst dienen dazu, die alte Geschichte zu bewahren und von Generation zu Generation weiter zu geben, da die Berber keine Schriftsprache besitzen.

Was für das traditionelle Kunsthandwerk, die Erzählkunst und die Musik gilt, trifft jedoch keineswegs für die moderne Kunst und Kultur zu. Diese dient durchaus dem »Profanen« – der Selbstdarstellung, der Verzierung, dem Kommerz und natürlich der Unterhaltung.

Der Ud, die vier- bis sechssaitige Laute, ist das klassische Musikinstrument arabisch-andalusischer Musik.

Seite 147: Folklore ist ein wichtiger Bestandteil jedes Moussems, wie hier beim Kirschenfest in Sefrou.

Marokkanische Musik

Musik ist ein elementarer Ausdruck der marokkanischen Volkskultur und Lebensart. Sie dient nicht allein der Unterhaltung, sondern auch der Bekundung der eigenen Identität.

Berbermusik

Die Musik der Berber unterscheidet sich in ihren Rhythmen, Melodien, Instrumenten und Klängen erheblich von den arabisch beeinflussten Musikformen. Ihre Ursprünge, die weit vor die arabische Eroberung des Landes zurückdatiert werden müssen, liegen im Dunkeln. Melodien und Texte werden von Mutter zu Tochter weitergegeben, und so ist es auch nicht verwunderlich, dass die meisten berberischen Musikgruppen Frauengruppen sind, so wie etwa die Bnat Yarsmuken. Sie sind besonders im Süden des Landes und im Rifgebirge bekannt. Die Berbermusik kommt mit nur wenigen Instrumenten aus. Meist sind lediglich Flöte und Trommel im Einsatz; ganz selten treten auch einsaitige Zupfinstrumente hinzu, vor allem dann, wenn professionelle Musiker am Werk sind. Viel wichtiger sind die Stimmen der Sänger, die von viel rhythmischem Klatschen begleitet werden, zu dem getanzt wird.

Arabisch-andalusische Musik

Sie unterscheidet sich stark von der Berbermusik und entwickelte sich vor etwa tausend Jahren im spanischen Cordoba. Sie beruft sich auf Ziryab als ihren Begründer, einen herausragenden Musiker, der im 9. Jahrhundert vom Hofe des Kalifen Harun ar-Raschids in Bagdad nach Cordoba kam. Die arabisch-andalusische Musik ist sehr lebendig, volkstümlich und weithin beliebt. Während des Ramadan sendet das Fernsehen, das für die marokkanische Musikszene eine große Rolle spielt, jeden

Abend Programme mit Andalusklassikern. Die charakteristische musikalische Form der arabisch-andalusischen Musik ist die *nuba*, eine Art Suite aus instrumentalen und vokalen Teilen. Sie wird von einem Orchester gespielt, das sich vor allem aus Geigen, Lauten, Zithern, der *rabab* (einer zweisaitigen Kniegeige), Trommeln und Tamburinen zusammensetzt. Die bekanntesten Orchester stammen aus Fes und Taza.

Gnaoua

Die Gnaoua sind eine mystische Bruderschaft und vor allem für ihre Musik bekannt, die dazu dient, Geister zu verjagen. Bei der Geistervertreibung singen die Gnaoua immer 22 Lieder mit insgesamt achthundert Strophen. Jedes Lied steht für eine Geisterfamilie, was zur Musik szenisch dargestellt wird. Dazu hantiert der Zeremonienmeister mit Messern, mit denen er sich im Rhythmus der Musik schneidet. Mit jedem Rhythmuswechsel wird ein neuer Geist gerufen, der dann besänftigt wird.

Die Musik der Gnaoua hat den Musikgeschmack unserer Zeit getroffen, und so gibt es heute auch immer mehr westliche Musiker, die sich der Gnaoua-Rhythmen bedienen. In Marokko bekannte Gnaoua-Musiker sind vor allem Mahmoud Guinea sowie Hassan Hakmoun. Jährlich findet in Essaouira ein großes Gnaoua-Festival statt, das von internationalen Plattenfirmen gesponsort wird.

Marokkanischer Raï

Raï bedeutet »Meinung«. Dieser im Westen Algeriens entstandene Musikstil hat seine Wurzeln in den Melodien der Beduinen, doch als modernes Phänomen hat der Raï mehr mit der westlichen Popmusik gemein. Die Begleitung ist heute vorwiegend elektrisch, mit Rhythmusgitarren, Synthesizern, Schlagzeug und traditionellen Trommeln. Die Texte des Raï beschäftigen sich mit ganz modernen, alltäglichen Dingen, überwiegend mit der Liebe, Drogen und Sex. Vor allem diejenigen Marokkaner, die weniger Wert auf Tradition legen, haben diese Musikform begeistert aufgenommen. Bedeutende marokkanische Raï-Interpreten sind Cheb Khader, Cheb Mimoun und die geheimnisvolle Chaba Zahouania.

Maroc-Pop

Diese Musikrichtung wurde hauptsächlich durch die Gruppe Nass el Ghiwane populär gemacht, deren Mitglieder wegen ihrer sozialkritischen Texte jahrelang in marokkanischen Gefängnissen saßen. Der Maroc-Pop ist eine Mischung aus Elementen der traditionellen Musik aller Volksgruppen Marokkos und westlichen Popzutaten. Die Gruppen nutzen vor allem Instrumente der sozialen Randgruppen: Trommeln, einsaitige Zupfinstrumente und Tröten. Die Texte sind kritisch bis anklagend, verboten sind sie seit dem Regierungsantritt von Muhammad VI. jedoch nicht mehr. Ganz im Gegenteil: Die Maroc-Pop-Gruppen werden als echte, authentische marokkanische Musiker gefeiert und finden besonders bei jungen Menschen Anklang.

Gnaoua-Musiker spielen für Touristen in einem der Cafés von Essaouira.

Kunsthandwerk
Marokkos Kunsthandwerk setzt sich hauptsächlich aus drei Elementen zusammen: Der berberischen, der islamisch-arabischen sowie der maurischen Kunst. Während sich die Kunst der Berber überwiegend in der Architektur, also in Kasbahs, Ksur und Agadiren zeigt, ist bei den beiden anderen Kunstformen auch der Zierrat wichtig. Kalligraphien und Ornamente sind die zentralen Elemente des islamisch-arabischen und maurischen Dekors.

Kalligraphie
Da es im Islam ein Bilderverbot gibt, spielt die Kalligraphie in der islamisch geprägten Kunst eine bedeutende Rolle. Nicht Neuschaffungen sind gefragt, sondern die perfekte Wiedergabe bekannter, zumeist frühislamischer Künstler. Kalligraphien beinhalten in aller Regel Koranverse oder Gebete. Sie sind häufig in Gips gemeisselt oder gemalt und finden sich vor allem an den Wänden von Koranschulen und Moscheen, meist oberhalb bunter Mosaike.

Ornamentik
Ebenfalls aufgrund des Bilderverbots hat sich die Ornamentik entwickelt. Es handelt sich hierbei in der Regel um geometrische, seltener abstrakte oder florale Muster, die sich stets wiederholen und ausschliesslich in den Farben variieren. Eine Sonderrolle nimmt das sogenannte »Spinnengewebe Gottes« ein, ein System von Linien, die acht- bis sechszehnstrahlige Sterne bilden, wobei jede Linie aus der Mitte eines Sterns heraus in das Zentrum eines anderen Sterns führt. Dieses Dekor kann man sehr gut an den goldenen Palasttoren in Rabat und Fes sehen. Ornamente werden überwiegend aus Keramik gefertigt, aus Gips gemeisselt oder in Zedernholz geschnitzt. Es gibt

Benhila Regraguia, Marokkos bekannteste Malerin.

Rechts: Galerien in Essaouira zeigen vor allem Werke junger marokkanischer Künstler.

Unten: Wandschmuck in der Madrasa Ben Youssef in Marrakesch.

sie in Form von Stalaktitengewölben oder als Wandschmuck.

Architektur

Die islamisch-arabische und maurische Architektur verschmelzen in Marokko in perfekter Harmonie miteinander. So zeichnet sich die nichtberberische Baukunst stark durch Säulenhallen, Bogenformen, Stalaktitengewölbe und Fayencemosaike aus. Besonders schön ist dies in den Koranschulen des Landes, aber auch in vielen Altstadtpalästen zu sehen.

Moderne Kunst

Moderne Kunst spielt in Marokko eine vergleichsweise unbedeutende Rolle, auch wenn sich in den Städten Essaouira und Asilah kleine Kolonien vor allem ausländischer Künstler etabliert haben. In Marokko gibt es nur wenige bekannte Künstler und Künstlerinnen; eine darunter hat sich jedoch inzwischen auch international einen Namen gemacht: Die Malerin Benhila Regraguia, die in Essaouira lebt und arbeitet.

Teppiche

Es dominieren zwei Hauptformen: ländliche Teppiche, die in ihren Farben und Mustern meist aus der berberischen Tradition stammen sowie Rabat-Teppiche, die in ihrer Art eher Perserteppichen ähneln, also sehr eng geknüpft sind.

Eine Besonderheit unter den Teppichen Marokkos ist der Glaoui, ein Teppich, der hauptsächlich in den Farben rot, orange und blau gehalten ist und gewebte, gestickte und geknüpfte geometrische Muster enthält. Ein anderer, sehr spezieller Teppich ist der Ouzgita-Teppich, der in der Region von Tazennakht hergestellt wird. Hierbei handelt es sich um den traditionellen Berberteppich des Südens, der bis heute nach alten Mustern und mit pflanzlichen Farben – meist in orange, gelb oder schwarz – gefertigt wird. Fast jedes Dorf hat seine eigenen Teppichmuster, denn die Teppiche werden – zumindest auf dem Land – häufig für den alltäglichen Hausgebrauch hergestellt. Jede Frau, die heiratet, bringt einen großen Teppich mit in die Ehe, den sie zuvor, bisweilen in monatelanger Arbeit, zusammen mit den Frauen ihrer Familie sowie den Freundinnen gefertigt hat.

Unten und rechts: Teppiche und Kunsthandwerk für Touristen.

Intarsienarbeiten

In Marokko werden Intarsien sowohl in Holz als auch in Metall eingearbeitet. Holzintarsien finden sich vor allem in Essaouira. Hier werden Perlmut, Elfenbein oder häufig auch nur Plastik in die geschnitzten Muster eingelegt. Metallintarsien, hauptsächlich in Form von Tabletts und Tellern, gibt es vor allem in Fes. Sie werden in der Regel aus Kupfer, Messing oder Bronze hergestellt.

Links: Feine Messing- und Kupferarbeiten kann man in den Werkstätten in Fes, nahe dem Bab Boujeloud, bestaunen. Dieser Teller wurde von dem berühmten Künstler Ahmed Guernani hergestellt.

Mehr Handwerk als Kunst: Töpfer formen Geschirr für den täglichen Gebrauch.

Lederwaren

Die Hauptabnehmer marokkanischer Lederwaren sind heute Touristen. So ist es nicht verwunderlich, dass das Angebot an Taschen, Rucksäcken, Hosen, Gürteln und anderen Gebrauchsartikeln vorwiegend auf deren Bedürfnisse ausgerichtet ist. Es gibt jedoch eine Ausnahme: Babouche, spitze Lederschuhe, die zur traditionellen marokkanischen Kleidung gehören. Die klassischen Babouche sind weiß, gelb oder rot und haben eine flache, dünne Ledersohle. Ihr Leder ist aus guter Qualität und weder gestanzt noch bestickt. In moderner Form sind sie als normale Straßenschuhe mit festerer Sohle erhältlich. Es gibt sie aus unterschiedlichsten Materialien sowie in sämtlichen Farben und Formen. Sehr beliebt sind Babouche aus Seide oder Zebrafell und moderne Schuhe aus Schlangenimitat. Neu auf dem Markt sind auch Babouche aus gefärbter und geknüpfter Jute oder gestanztem Leder.

Töpferwaren

Was für Leder gilt, trifft im selben Maße auch für Töpferwaren zu, die meist nur noch für Touristen hergestellt werden. Die Marokkaner hingegen haben die billige Keramik aus dem Supermarkt entdeckt, die beständiger und feiner ist; sie benutzen nur noch selten die handgefertigten Waren. Typisch marokkanisch und von tatsächlichem Gebrauchswert sind alleine tönerne Gefäße. Dazu gehören in Südmarokko Amphoren, um Wasser kühl zu halten, irdene Töpfe zur Vorratshaltung und natürlich die so genannten Tajines, in denen die gleichnamigen Eintopfgerichte gekocht werden. Bekannt ist die Stadt Safi wegen ihres großen Töpferviertels. Unter den vielen Töpferwaren, die hier zu finden sind, stechen vor allem ganz besondere Lampen ins Auge. Sie haben die Form einer Kugel, aus der geometrische Muster gestanzt wurden. Bunte Teller, Becher, Kannen – häufig auch mit Silber beschlagen – gibt es in allen Touristenmärkten zu kaufen.

Marokkos Literatur

Dass das Märchen- und Geschichtenerzählen tief in der marokkanischen Tradition verwurzelt ist, zeigt sich auf dem Djema el Fna in Marrakesch Tag für Tag aufs Neue. Viele der mündlichen Überlieferungen geraten allerdings zunehmend in Vergessenheit, da nur wenige dieser Geschichten und Erzählungen schriftlich festgehalten werden.

Der bekannteste marokkanische Schriftsteller ist Tahar Ben Jelloun (geboren 1944 in Fes). Auch wenn er heute überwiegend in Paris lebt und nicht auf Arabisch schreibt, so ist sein Werk doch fest in der marokkanischen Geschichte und Erzähltradition verankert. Einige seiner Bücher sind ins Deutsche übersetzt, so auch der preisgekrönte Roman *Sohn ihres Vaters*, das sensible Porträt einer marokkanischen Familie, die versucht, ihre Tochter als Jungen aufwachsen zu lassen, um das Erbrecht zu umgehen.

Neben Tahar Ben Jelloun sind außerdem Driss Charhadi (geboren wahrscheinlich 1938), Muhammad Mrabet (geboren 1940), Driss Chraibi (geboren 1926) sowie Mohammed Choukri (1935-2003) von internationaler Bedeutung.

Driss Charhadi war ein Analphabet, der seine Geschichten auf Tonband aufnehmen ließ. Das bekannteste der so entstandenen Bücher, *Ein Leben voller Fallgruben*, wurde von Paul Bowles aufgeschrieben und veröffentlicht. Bei Charhadi ist vor allem die Authentizität seiner Geschichten bemerkenswert. Sie sind in einfacher Sprache erzählt und der marokkanischen Realität wahrscheinlich näher als die Werke seiner Kollegen. In den 1970er Jahren verschwand er – vermutlich in die USA; seine Spuren haben sich verloren.

Auch Muhammad Mrabet war lange Analphabet, doch nachdem er mit zwanzig Jahren Arabisch lesen und schreiben gelernt hatte, hörte er gar nicht mehr auf damit. Sein Werk beläuft sich inzwischen auf rund ein Dutzend Romane sowie Sammlungen von Geschichten und Novellen. Hervorzuheben ist sein meisterhafter Umgang mit den traditionellen Themen des marokkanischen Geschichtenerzählens, wie etwa der Zauberei. Ein gutes Beispiel hierfür liefert die auch auf Deutsch vorliegende Liebesgeschichte *Muhammad und Mina*.

Die Bücher von Driss Chraibi hingegen sind stark politisch geprägt, wie etwa der Roman *Die Zivilisation, Mutter!*, in dem es um die Identitätskrise Marokkos nach der Unabhängigkeit geht.

Demgegenüber entspricht Mohammed Choukri eher dem Bild des gebildeten Literaten. Seine Autobiographie *Das nackte Brot* ist sein bekanntestes Buch, aus dem die Stimme einer ganzen Generation von Nordafrikanern spricht. Daneben hat er unter anderem einen Roman sowie Bücher über Tennessee Williams und Jean Genet verfasst, die er persönlich kannte. Viele seiner Geschichten spielen in Tanger, wo er bis zu seinem Tod im Jahr 2003 lebte, und so wird er heute in Marokko auch als die »Stimme von Tanger« bezeichnet.

Casablanca – Marokkos Wirtschaftszentrum

الدار البيضاء

Der auf eine Berbersiedlung zurückgehende kleine Fischerort mit dem spanischen Namen wurde 1907 von den Franzosen besetzt, die dringend einen eigenen Hafen benötigten, da Tanger nicht in ihrem Machtbereich lag. Mit dem neuen Hafen erlebte die Stadt, die die Araber auch Dar al Beida nennen, eine rasante Entwicklung zur größten Stadt Marokkos. Heute leben in der »heimlichen Hauptstadt« rund vier Millionen Menschen – und täglich kommen neue hinzu, die sich in den Bidonvilles, den Slumvierteln am Rande der Häuserschluchten, niederlassen und die sozialen Konflikte in der Stadt verschärfen. Der Hafen von Casablanca ist heute der größte des Maghreb.

»You must remember this, a kiss is still a kiss...«. Der Film mit Ingrid Bergman und Humphrey Bogart lässt jeden, der an Casablanca denkt, nostalgisch werden. Doch hat das reale Casablanca kaum irgendetwas mit dem zu tun, was der Film vermittelt. Die Stadt ist die Wirtschaftsmetropole Marokkos, in der 54 Prozent der inländischen Industrie angesiedelt sind, und auch alle großen internationalen Konzerne haben hier ihre Filialen. Überdimensionale Leuchtreklamen künden vom Fortschritt, vierspurige Straßen durchschneiden die Stadt, Autos verpesten die Luft. Die Menschen hier gehen nicht gemächlich, sie wirken eher hektisch. In Casablanca wird Geld verdient – das spürt der Besucher, wohin er auch kommt. Und von der einstigen kolonialen Pracht ist wenig geblieben. Stattdessen herrschen Plattenbausiedlungen vor, wie man sie aus den früheren Ostblockstaaten kennt. Der Kontrast zwischen Villenvierteln und Slums sticht ins Auge – Arm und Reich leben hier in direkter Nachbarschaft, wobei die Reichen vor dem Anblick der Armen »geschützt« werden, indem man hohe weiße Mauern um die Slumviertel errichtet.

Obwohl sich die wirtschaftliche und soziale Situation in Marokko seit den achtziger Jahren erheblich verbessert hat (1999 lebten 19 Prozent der Bevölkerung unter der Armutsgrenze – 1981 waren es schätzungsweise noch 60 Prozent –, und die Arbeitslosenquote hat sich von 40 Prozent im Jahr 1981 auf 22 Prozent im Jahr 2002 reduziert), ist die Armut noch immer das zentrale Problem Marokkos. Welches Gefahrenpotenzial sie birgt, brachten 1984 die sogenannten »Brotunruhen« zum Ausdruck, die ausbrachen, nachdem die Regierung die Preise für Grundnahrungsmittel angehoben hatte. Um seine Monarchie vor einem Volksaufstand zu

Seite 157: Im Innern der Moschee Hassan II.

Links: Die Moschee Hassan II. – das Wahrzeichen von Casablanca.

Oben: In den Gassen der Neuen Medina von Casablanca.

NOUVEAUX COURS
D'INFOGRAPHIE
P.A.O
1er ETAGE
ECOLE DE PR
ICF

bewahren, musste König Hassan II. diesen Schritt wieder rückgängig machen. Aber die Armut führt nicht nur zu Unruhen im Volk, sie treibt auch radikalen Gruppen, vor allem den Islamisten, stets neue Aktivisten in die Arme. Denn der Fundamentalismus ist primär ein soziales Problem, kein religiöses, und er rekrutiert seine Anhänger vornehmlich aus den Scharen derer, die nichts mehr zu verlieren haben. So pilgern in Marokko ausgebildete Prediger durch die Slumviertel Casablancas und anderer Großstädte und versprechen demjenigen eine goldene Zukunft, der sich ihnen anschließt; um sich bei der Bevölkerung beliebt zu machen, errichten sie in den Bidonvilles Krankenstationen und Armenküchen. Die Attentäter der Anschläge in Madrid vom März 2004 stammen übrigens aus diesen Slumvierteln.

König Muhammad VI. hat diesen Zusammenhang zwischen Elend und sozialer Instabilität erkannt und in seiner ersten Thronrede 1999 der Armut den Kampf angesagt. Er hat weitreichende Reformen eingeleitet und damit in Marokko einen langsamen, aber unübersehbaren Aufschwung in Gang gebracht. Die Mindestlöhne wurden heraufgesetzt (um so auch den Geldumlauf zu steigern), die schon in den neunziger Jahren unter seinem Vater Hassan II. begonnene Privatisierung wurde forciert, und zur Bekämpfung der Arbeitslosigkeit wurden immer mehr ausländische Firmen nach Marokko gelockt. Vor allem unter den Jugendlichen ist die Arbeitslosigkeit aber immer noch sehr hoch.

Die soziale Misere des Landes ist jedoch nicht auf die wirtschaftliche Situation allein zurückzuführen. Ein weiteres Hauptproblem ist die Korruption; so werden beispielsweise die meisten Stellen nach wie vor durch Schmiergelder und Beziehungen statt nach Qualifikation vergeben. Vielen jungen Marokkanern bleibt daher oft nur der große Traum Europa; um eine ihren Fähigkeiten entsprechende Arbeit zu finden, geht ein Großteil der Akademiker ins Ausland. Während auf der einen Seite also viele Gebildete zum Auswandern gezwungen sind, ist auf der anderen Seite das generelle Bildungsniveau im Land noch immer viel zu niedrig, vor allem in den unteren Schichten. Auch wenn es in Marokko eine sechsjährige Schulpflicht gibt, bedeutet das nicht, dass sie auch wirklich von jedem wahrgenommen wird. Kinderarbeit, überwiegend im inoffiziellen Bereich, ist weit verbreitet und verhindert eine Ausbildung. Noch immer sind etwa 44 Prozent der Bevölkerung Analphabeten, und meist sind sie die Hauptopfer der marokkanischen Misere, denn ihnen gelingt der Sprung aus Armut und Abhängigkeit nur selten. Seit einigen Jahren wird nun versucht, diesem Problem mit Förderprogrammen und Alphabetisierungskursen entgegenzutreten. Noch ist es zu früh, hier einen wirklichen Erfolg zu erkennen, aber man darf vorsichtig optimistisch sein.

Wer ein gemütliches Café in Casablanca sucht, wird so schnell keines finden. In der größten Stadt Marokkos ist wenig Zeit für beschauliches Kaffeetrinken.

In Casablanca befindet sich heute die zweitgrößte Moschee der islamischen Welt, die Moschee Hassan II. Sie ist die einzige Moschee Marokkos, die auch Nichtmuslime betreten dürfen. Mit ihr hat sich der Vater des heutigen Königs ein Denkmal gesetzt – nicht zuletzt auf Kosten der Bevölkerung, denn jede Familie im Land wurde dazu verpflichtet, sich finanziell an dem Mammutprojekt zu beteiligen. Für viele Marokkaner war dies nur möglich, indem sie ein Darlehen aufnahmen oder noch ihr letztes Haustier verkauften. Zudem wurden für den Bau ganze Wohnviertel zerstört und Tausende von Menschen aus ihren Häusern vertrieben. Nur so konnte die Moschee genau an dieser exponierten Lage direkt am Meer entstehen, wo Hassan II. sie haben wollte: dort, wo »Erde, Wasser und Himmel sich vereinen«.

Das Gebäude ist schon aus vielen Kilometern Entfernung zu sehen, da sein Minarett zweihundert Meter in die Höhe ragt – es ist das höchste der Welt. Nachts weist ein Laserstrahl den Gläubigen die Gebetsrichtung nach Mekka. Der Gebetsraum kann 25 000 Menschen fassen, und das Dach lässt sich öffnen, damit die Besucher Gott näher sind. In dem großen Gebäudekomplex gibt es auch ein beeindruckendes, sehr großes Badehaus (Hammam) sowie eine Bibliothek und eine Koranschule. Zur Regierungszeit von Hassan II. wurden die Menschen der Umgebung gezwungen, freitags in »seine« Moschee zu gehen, damit der riesige Sakralbau nicht so leer wirkte. Heute, unter Muhammad VI., darf wieder jeder dort beten, wo er möchte.

Unten und rechts: Innenansichten der Moschee Hassan II. Die Fußböden sind mit Marmor ausgelegt, die Wände mit Keramiken und Zedernholzschnitzereien verziert. An der Decke hängen kristallene Kronleuchter, die die Pracht dieses Gotteshauses unterstreichen.

Der Islam – Die Religion der Marokkaner

95 Prozent der marokkanischen Bevölkerung bekennen sich zum sunnitischen Islam. Der Glaube durchdringt den Alltag, und *inschallah*, »so Gott will«, ist die wohl gebräuchlichste Formel, die man täglich zu hören bekommt. Gott ist allgegenwärtig und für alles verantwortlich, was geschieht.

Der Islam entstand Anfang des 7. Jahrhunderts auf der Arabischen Halbinsel, von wo aus er sich innerhalb der ersten neunzig Jahre seines Bestehens nach Westen bis zur Iberischen Halbinsel und bis zum Indus im Osten ausbreitete. Seine Lehre beruht zum Großteil auf einer Synthese aus Elementen des alten arabischen Stammesglaubens, des Judentums und des Christentums. Zusammen mit den beiden Letzteren gehört er zu den drei großen monotheistischen Weltreligionen, die eine ganze Anzahl von bedeutenden Propheten hervorgebracht haben. Der letzte Prophet – nach Abraham, Moses und Jesus – ist im Islam Muhammad, der die muslimische Gemeinde im Jahr 622 von Mekka nach Medina führte, nachdem er aus seiner Heimat vertrieben worden war. Mit diesem »Auszug« (*hedschra*) beginnt die islamische Zeitrechnung, die sich, im Unterschied zur christlichen, nach dem Mondjahr richtet.

Nach dem Glauben der Muslime findet die göttliche Offenbarung in Muhammad, dem »Siegel der Propheten«, ihren Abschluss. Der Islam stellt somit für die Muslime die Vervollkommnung des Christen- wie des Judentums dar.

Gläubige Muslime müssen sich mit ihrer ganzen Seele dem einzigen Gott hingeben – das bedeutet das Wort »Islam«. Sie glauben an die Einheit Gottes, an seine Propheten, seine Bücher (dazu gehören neben dem Koran auch Tora und Evangelium), an seine Engel und an den Tag des Jüngsten Gerichts, an dem der gerechte Gott alle Taten richten wird. In diesem Bewusstsein erfüllt der Muslim die religiösen Gebote. Vor allem die fünf »Pfeiler« des Glaubens sind für ihn Pflicht:

1. Das Glaubensbekenntnis, das besagt, dass es nur einen Gott gibt und dass Muhammad sein Prophet ist. Jeder Muslim muss es zumindest einmal in seinem Leben gesprochen haben (*schahada*).
2. Das Pflichtgebet, das der Gläubige fünfmal am Tag sprechen muss. Bevor er dies tut, muss er eine rituelle Waschung vornehmen (*salat*).
3. Das Fasten im Monat Ramadan, während dem er tagsüber weder essen noch trinken noch rauchen darf (*saum*).
4. Das Almosengeben, das jeden Muslim verpflichtet, ärmeren Menschen zu geben, was er entbehren kann (*zakat*).
5. Die Pilgerfahrt nach Mekka, die jeder Muslim einmal in seinem Leben antreten muss, sofern er über die finanziellen Mittel verfügt und körperlich dazu in der Lage ist (*hadsch*).

Daneben gibt es weitere Ge- und Verbote, wie etwa das Alkoholverbot sowie das Verbot, Schweinefleisch oder Fleisch von nicht geschächteten Tieren zu essen.

Grundlage für die religiösen Regeln des Islam sind neben dem Koran, dem geschriebenen Wort Gottes, die Hadithe, die Überlieferungen der Taten und Aussprüche des Propheten. Zusammen mit der Sunna, der Tradition, dienen diese Regeln als Basis des islamischen Rechts, der Scharia. Diese von muslimischen Gelehrten zwischen dem 10. und dem 14. Jahrhundert zusammengetragene Lebens- und Rechtsordnung wird heute in kaum mehr einem islamischen Land praktiziert. In Marokko wurden mit der Reform des Familienrechts 2003 die letzten Teilbereiche des islamischen Familienrechts aufgehoben – und zwar ganz gemäß den Richtlinien des Korans, der besagt, dass alle Menschen, egal ob schwarz oder weiß, arm oder reich, Frau oder Mann, gleichwertig sind. In der marokkanischen Realität sieht dies leider ein wenig anders aus, denn trotz der gesetzlich verankerten Gleichberechtigung aller Marokkaner werden hier Schwarze nach wie vor benachteiligt, und Frauen müssen weiterhin für ihre Rechte kämpfen.

Neben dem orthodoxen sunnitischen Islam existiert in Marokko auch ein mit alten berberischen Glaubensvorstellungen vermischter und von Magie durchdrungener Volksislam. Er wird im Wesentlichen von drei Faktoren bestimmt: dem Heiligenglauben, dem Glauben an Geister und Dämonen sowie dem Stellenwert der mystischen Bruderschaften. Geister und Dämonen – die an dunklen, feuchten Orten wohnen – werden für alles Unerklärbare verantwortlich gemacht. Der Mensch muss ihnen opfern und versuchen, sie zu beruhigen. Die Marokkaner haben gelernt, sich vor ihnen zu schützen. Sie hängen sich in kleine Amulette verpackte Koranverse um den Hals, und jede neue Handlung wird im Namen Gottes (*bismillah*) begonnen.

Links: Aufgrund des Bilderverbots ist die Kalligraphie die wichtigste Kunstform des Islam. Grund für die Ablehnung der bildlichen Darstellung ist der Glaube, dass bereits die Zeichnung eines Menschen, einer Pflanze oder eines Tieres einer Erschaffung gleich kommt. Diese aber kann nur Allah in seiner Vollkommenheit bewirken. Die Kalligraphie von S. Al-Moussawy zeigt die fünf Glaubenspfeiler des Islam.

Unten: Ein etwa zweihundert Jahre alter von Hand geschriebener Koran in Fes.

Islamische Bruderschaften sind in Marokko weit verbreitet. Die wichtigste ist die seit dem 17. Jahrhundert bestehende Bruderschaft der Gnaoua. Bekannt sind die Mystiker vor allem für ihre Musik, mit der sie versuchen, Geister zu vertreiben. Man schreibt ihnen magische Fähigkeiten zu, die manchmal von Nutzen sein können. So werden sie etwa von Familien eingeladen, wenn es gilt, ein von einem bösen Geist besessenes Familienmitglied durch ihre Musik zu heilen. Meist ist ihr Können jedoch einfach nur unterhaltend, wie bei Feuerschluckern, Schlangenbeschwörern, Fakiren und Akrobaten. Die Menschen möchten nicht auf sie verzichten, dennoch sind die Mitglieder von Bruderschaften nicht sehr hoch angesehen.

Orthodoxie und Volksislam leben in Marokko in harmonischer Eintracht miteinander; teilweise vermischen sie sich und gehen ineinander über. So sorgen sie für Volksfeste und Wallfahrten und machen den marokkanischen Islam zu einer bunten und fröhlichen Religion.

Links: Die Moschee von Moulay Idris – ein magischer Anziehungspunkt für alle gläubigen Muslime Marokkos.

Unten: Der Koran ist für Muslime das geschriebene Wort Gottes. Er umfasst 114 Suren (Kapitel), die der Länge nach geordnet sind – mit einer Ausnahme: Die Eröffnungssure »Fatiha« ist mit nur sieben Versen kürzer als die anderen. Goldprägungen machen diese Koranausgabe aus einer Buchhandlung in Casablanca besonders wertvoll.

Marokkos Wirtschaft

Marokko ist ein Agrarland. In Zahlen ausgedrückt bedeutet das: 44 Prozent der Bevölkerung leben von der Landwirtschaft und der Fischerei. Da die Wasserressourcen im Land knapp sind, ist die Bevölkerung auf die jährlich stark unterschiedlichen Regenfälle angewiesen, mit der Folge, dass auch das Bruttoinlandsprodukt von Jahr zu Jahr schwankt. Besonders nach der katastrophalen Dürre Mitte der 1980er Jahre musste sich das Land hoch verschulden. Landwirtschaftliche Bedeutung haben in Marokko vor allem der Anbau von Getreide, Zuckerrüben, Zitrusfrüchten, Oliven und Datteln.

Eine große Devisenquelle ist auch der Bergbau, besonders der Phosphatabbau. Seit der Besetzung der Westsahara durch Marokko 1975 verfügt das Land über 75 Prozent der Weltreserven dieses Bodenschatzes. Daneben wird auch in der Region rund um Safi Phosphat abgebaut. Die Industrie des Landes ist in erster Linie in der Region rund um Casablanca angesiedelt. Hier spielt die Produktion von Sardinenkonserven die wichtigste Rolle; daneben gibt es eine bescheidene chemische Industrie sowie Textil- und Metallverarbeitung. Der Tourismus ist zwar seit den Anschlägen vom 11. September 2001 in den USA und dem Irakkrieg 2003 stark zurückgegangen; dennoch ist er weiterhin die drittwichtigste Devisenquelle des Landes. Immerhin wurden bis 2001 knapp acht Prozent des Bruttosozialprodukts durch den Tourismus erwirtschaftet. Trotz der rückläufigen Zahlen ist man optimistisch, und die Regierung hat ein neues Tourismusprogramm verabschiedet, das dem Land bis 2010 zehn Millionen Übernachtungen von Auslandsgästen bringen soll.

Ein seltener Anblick, auch in Marokko: Ochs und Esel pflügen das Feld. Heute übernehmen das meist Maultiere, auf den großen Landwirtschaftsflächen Nordmarokkos Traktoren.

Die Atlas Filmstudios in Ouarzazate garantieren den Bewohnern im Süden Marokkos krisensichere Jobs. Hier brennt es in der Kulisse einer Kreuzritterburg, die für den Film »Königreich der Himmel« aufgebaut wurde.

Die Industrieanlagen von Safi verarbeiten vor allem Phosphat, das in den Gruben bei Youssoufiya gewonnen wird.

Rabat
Die Hauptstadt Marokkos

الرباط

Die erste Siedlungsgründung an der Mündung des Bou Regreg, der heute Rabat von seiner Nachbarstadt Sale trennt, geht auf die Karthager zurück. Sie errichteten im Bereich des heutigen Ruinengebiets der Chellah eine Zitadelle. Den Karthagern folgten die Römer, die hier ihre südwestlichste Kolonie hatten. Diese wurde später zur Basis des islamischen Staates Bergawata, der im 8. Jahrhundert das Gebiet um das heutige Rabat beherrschte und unabhängig von den Idrisiden war. Dieser Staat entwickelte einen vom Koran inspirierten Regierungskodex, der allerdings stark von berberischem Gewohnheitsrecht und traditionellen Vorschriften beeinflusst war, was den Widerstand der streng nach dem »originalen« Koran lebenden arabischen Idrisiden hervorrief. Um also der »Ketzerei« ein Ende zu bereiten, errichteten die Idrisiden in der Nähe ein Ribat, ein Wehrkloster – die heutige Kasbah Oudaya –, von der aus sie versuchten, den Staat Bergawata zu zerstören, was ihnen aber erst im 11. Jahrhundert gelang.

Unter den Almohaden (1147-1269) erhielt Rabat ein neues Gesicht. Die Kasbah wurde erweitert, eine Stadtmauer errichtet. Für kurze Zeit, nämlich unter der Herrschaft von Yaqub el Mansour, war Rabat sogar die Hauptstadt des Reiches. In dieser Periode entstanden der Hassanturm – das Minarett einer großen Moschee, deren Bau nie vollendet wurde – sowie die beeindruckenden Stadttore Bab er Rouah und Bab Oudaya. Doch nach Mansours Tod verlegte man den Regierungssitz zurück nach Marrakesch, und Rabat verlor wieder an Bedeutung. Anders die Nachbarstadt Sale, die zu einer Piratenhochburg wurde. Die Seeräuber riefen hier sogar ihre eigene Republik aus, die sich immerhin bis Mitte des 19. Jahrhunderts halten konnte.

Als die Franzosen 1912 nach Rabat kamen, bestand die Stadt ausschließlich aus der Medina und der sie in einem weiten Umkreis umspannenden Stadtmauer. Die europäischen Kolonialherren errichteten die Nouvelle Medina, die Neustadt, und riefen Rabat erneut zur Hauptstadt aus. Dabei blieb es auch nach der Unabhängigkeit Marokkos 1956. Heute hat die marokkanische Kapitale, zusammen mit Sale, etwa 1,7 Millionen Einwohner.

Der Unterschied zwischen der kosmopolitischen Wirtschaftsmetropole Casablanca und der eher beschaulichen Hauptstadt Rabat könnte kaum größer sein. In Rabat residiert der König, hier sitzt das Parlament, und hier treffen Orient und Okzident auf faszinierende Weise aufeinander. Nicht weit hinter der Kasbah Oudaya und der östlichen Stadtmauer der Altstadt beginnt, von der Hauptstadt durch den Fluss Bou Regreg getrennt, die kleinere Nachbarstadt Sale mit ihrem großen, malerisch gelegenen Friedhof.

Von den kleinen maurischen Cafés an der Kasbah Oudaya bietet sich ein guter Blick zum Strand, nach Sale und auf die Altstadt. In der Ferne ragt der Hassanturm majestätisch in die Höhe; er gehört zu den schönsten Bauwerken der Stadt.

Seite 171: Blick vom Mausoleum Muhammads V. und Hassans II. auf den Hassanturm, das Wahrzeichen Rabats.

Oben: Vom Friedhof in Sale aus eröffnet sich der beste Blick auf die Landeshauptstadt.

Rechts: Der Strand von Rabat ist Anziehungspunkt vor allem für junge Marokkaner.

Dass Rabat einst Verwaltungssitz des französischen Protektorats war, ist besonders am Boulevard Muhammad V. noch deutlich zu spüren. Diesen großen Boulevard säumen Häuser, die alle um die Wende zum 20. Jahrhundert erbaut wurden, und an fast jeder Straßenkreuzung befindet sich ein Café, dessen Name an alte Kolonialzeiten erinnert: Café de France, Café de Paris, Café des Nations.

Links: König Muhammad VI. ist überall präsent, häufig flankiert von Marokkos Staatswappen, dem grünen Pentagramm auf rotem Grund. Das Fünfeck ist ein Symbol für Glück, und Grün ist die Farbe des Islam.

Unten: Hinter dem Eingangstor zum Palastviertel verbirgt sich eine komplette Stadt: unter anderem der Versammlungsplatz (Mechouari), eine Moschee, die Gebäude des Obersten Gerichtshofs und des Ministeriums der religiösen Stiftungen, die Wohnstätte des Ministerpräsidenten sowie der gigantische Königspalast selbst.

Rechts: Fantasia nennt man die traditionellen Reiterspiele, die heute kaum noch stattfinden. Lediglich in Rabat am Thronfest oder zum großen Moussem Moulay Abdallah Amghar von Al-Jadida kommen Reiter aus dem ganzen Land zusammen, um ihre Kunst zu zeigen.

Unten: Die Chellah ist der älteste Gebäudekomplex von Rabat. Säulenreste sowie das Theater im Innern reichen bis in die römische Zeit zurück; die Umfassungsmauer stammt aus dem 14. Jahrhundert. Beeindruckend ist das Eingangstor, das von zwei mächtigen, achteckigen Türmen flankiert wird. Im Innern der Chellah liegt eine merinidische Nekropole, eine der schönsten des Landes. Im Teich daneben schwimmen heilige Aale. Die Marokkaner füttern sie mit gekochten Eiern und erhoffen sich so Reichtum und Fruchtbarkeit.

Tod und Beerdigung

Wer gläubig ist und nach den Regeln des Islam lebt, kann nach muslimischem Glauben sicher sein, nach seinem Tod ins Paradies zu gelangen. Der Tod verliert dadurch seinen Schrecken. So traurig er für die Angehörigen auch sein mag – das Wissen, dass es dem Verstorbenen im Jenseits nun besser geht, ist tröstend.

Nach dem Tod wird der Leichnam zunächst von Familienmitgliedern gewaschen, und die Körperöffnungen werden mit duftenden Substanzen verschlossen, die garantieren sollen, dass keine bösen Geister eindringen. Ist dies geschehen, legen die Angehörigen dem Verstorbenen das Totengewand an; dann wird er aufgebahrt. Freunde, Verwandte und Nachbarn kommen vorbei, um dem Toten einen letzten Besuch abzustatten.

Vor der Beerdigung wird zunächst ein Gebet gesprochen, danach der Leichnam auf eine Bahre gelegt, die die Männer der Familie tragen. Häufig vollziehen sie dabei eine Art Tanz, bei dem sie den Toten hin und her hüpfen lassen, als wollten sie sein Verlassen des Hauses hinauszögern. Begleitet von Trommelschlägen und monotonen Gesängen wird der Tote anschließend in einem großen Leichenzug zum nächsten Friedhof gebracht. Nach Anweisung des Propheten müssen am Trauerzug Vorbeigehende stehen bleiben und Sitzende sich erheben.

Am Grab angekommen, legen die Leichenträger den Verstorbenen auf die rechte Seite und betten ihn so, dass seine Augen nach Mekka gerichtet sind. Dann spricht ein Imam den Segen, der Leichnam wird in die Erde gelassen, und alle kehren nach Hause zurück.

Grabpflege gibt es in Marokko keine. Auf städtischen Friedhöfen finden sich jedoch Grabsteine mit dem Namen des Verstorbenen, während auf dem Land häufig nur ein Stein, seltener ein Haushaltsgegenstand auf das Grab gelegt wird. Vor allem am Aschurafest kommen ganze Familien auf die Friedhöfe, um mit dem Verstorbenen zu feiern. Dann herrscht beinahe Volksfeststimmung, und dem Tod ist das Grauen genommen.

Nur auf den Friedhöfen der Großstädte im Norden Marokkos finden sich gefertigte Grabsteine wie hier in Fes (links) und Sale (rechts).

Meknes
Das marokkanische Versailles

مكناس

Von Rabat am Atlantik geht es wieder ins Landesinnere nach Meknes. Hier residierte Marokkos »Sonnenkönig« Moulay Ismail (1672-1727). Meknes ist die kleinste und auch unbedeutendste Königsstadt Marokkos, denn sie war nur für kurze Zeit Regierungssitz.

Gegründet wurde Meknes im 10. Jahrhundert vom Stamm der Miknasa, die sich an den Ufern des Flusses Boufekrane niederließen und eine kleine Siedlung errichteten. Im 11. Jahrhundert erbaute hier der Almoravidensultan Youssef Ben Tachfine eine Festung, die noch heute den Mittelpunkt von Meknes bildet. Unter den Meriniden (1269-1420) wurde die Stadt erheblich vergrößert, aber erst unter dem Alawidenherrscher Moulay Ismail erlebte sie ihre Blütezeit.

Die Geschichte dieses Herrschers wirkt teilweise anekdotisch, doch sind die Dimensionen seiner baulichen Leistungen beeindruckend. Sultan Moulay Ismail war ein Zeitgenosse Ludwigs XIV., den er sehr bewunderte. Er wünschte sich nichts sehnlicher, als dessen Tochter zu ehelichen, und so schickte er einen Gesandten nach Paris. Doch Ludwig XIV. empfing den Brautwerber nicht einmal, stattdessen ließ er dem Alawidenherrscher zum Trost zwei schnöde Uhren schicken (sie stehen heute im Mausoleum von Moulay Idris II. in Fes). Der Sultan raste vor Wut. Jetzt wollte er es dem Franzosen zeigen: Ludwig XIV. sollte sehen, was er seiner Tochter vorenthalten hatte. Moulay Ismail ehelichte fünfhundert Frauen, zeugte achthundert Söhne (von den Töchtern ist in der Geschichtsschreibung nie die Rede) und ließ einen Palast errichten, der alles bisher Dagewesene in den Schatten stellte. Die Stallungen beherbergten 15 000 Pferde, der Getreidespeicher hatte das Ausmaß einer Kathedrale, und innerhalb weniger Jahre wurden vierzig Kilometer Festungsmauern errichtet. Dafür ließ Ismail die Paläste in Marrakesch, allen voran den großen Badi-Palast plündern, den Marmor von den Wänden reißen, Säulen und allen Schmuck heranbringen und schuf so eine neue Stadt. Meknes sollte ein zweites Versailles werden, was dem Sultan auch beinahe gelang. Aber irgendwann ging ihm das Geld aus. Er hatte alles verprasst, was der Staat an Reserven besaß, und so war das Reich, als Moulay Ismail starb, ärmer denn je. Die Königsresidenz wurde nach Fes verlegt, und Meknes sank in eine Art Dornröschenschlaf. Nach fast zwei Jahrhunderten des fortschreitenden Verfalls, nicht zuletzt auch infolge eines schweren Erdbebens 1755, erlangte Meknes erst nach 1912 wieder eine wichtige Bedeutung, als es zu einem der großen landwirtschaftlichen Zentren Marokkos wurde. Heute leben in der Stadt etwa eine halbe Million Menschen.

Seite 179: Das Mausoleum von Moulay Ismail in Meknes gehört zu den wenigen sakralen Gebäuden Marokkos, die von Nichtmuslimen betreten werden dürfen.

Unten: Der Brunnen auf dem Place el Hedim neben dem Eingang zur Medina von Meknes.

Rechts: Blick auf das Minarett und die Dächer der Großen Moschee, das bedeutendste religiöse Bauwerk der Medina.

Die Madrasa Bou Inania in Meknes, eine der schönsten Koranschulen aus merinidischer Zeit (14. Jahrhundert), ist in Anlage und Stil ihrer Namensschwester in Fes sehr ähnlich: Um einen Innenhof, in dessen Mitte sich der Brunnen befindet, liegen drei Galerien und ein Gebetssaal. Im Obergeschoss gibt es kleine Studierzimmer.
Die Wände des Innenhofs sind reich mit Fayencemosaiken und Kalligraphien verziert, die Decken der Galeriegänge und des Gebetssaals sind mit Stalaktitengewölben ausgestattet.

Beliebter Ausgangs- und Endpunkt für eine Stadtbesichtigung von Meknes ist der Place el Hedim, wo sich der Besucher in eines der schönen Cafés setzen und dem bunten Treiben zuschauen kann. Links anschließend befindet sich die große Markthalle und hinter dem Platz beginnt die Altstadt mit ihren unzähligen verwinkelten Gassen – ohne Souvenirshops, denn Touristen verirren sich nur selten hierher. In Sichtweite steht das Bab Mansour, das als das schönste Stadttor Marokkos gilt. Es ist der Eingang zur »Ville Impériale«, der Königsstadt von Moulay Ismail, dessen Baukunst und Prunksucht man hier bestaunen kann.

Seite 184: Marktstand mit eingelegtem Obst und Gemüse. Besonders beliebt sind neben Oliven eingelegte Zitronen.

Oben: Das Metzgergewerbe gilt als unrein, und so befinden sich dessen Stände oft am Rande des Marktgeschehens.

Links: Es wird streng zwischen rotem (Lamm, Hammel, Rind und Kalb) und weißem Fleisch (Hähnchen) unterschieden. Auf keinem traditionellen Markt wird beides zusammen an einem Stand angeboten.

Über das Rifgebirge ans Mittelmeer

جبال الريف

Das Rifgebirge (in Kurzform auch Rif genannt) ist der nördlichste Faltenstrang des Atlasgebirgssystems. Es zieht sich von der Straße von Gibraltar nach Osten am Mittelmeer entlang und fällt steil zur Küste ab. Die höchsten Gipfel sind knapp 2500 Meter hoch, die mittleren Gipfellagen betragen 1500 bis 1800 Meter. Das hier weitverbreitete Flyschgestein begünstigt die Erosion, und so sind tief ausgewaschene Flusstäler typisch für das Rif. Dank hoher Niederschläge bleibt das landschaftlich schöne Gebirge ganzjährig grün und weist trotz Brandrodungsfeldbau und Weidewirtschaft an den Ost- und Westausläufern noch immer eine beträchtliche Pflanzenvielfalt auf.
Hier wachsen unter anderem Aleppokiefern, Atlaszedern und Steineichen. Hauptanbauprodukt im Rif ist der Hanf, aus dem Haschisch (Kif) gewonnen wird. Daneben gibt es Obstplantagen und Getreideanbau.

Eine Fahrt durch das Rifgebirge kann manchmal zum Abenteuer werden. Immerhin ist das Gebiet für seinen Hanfanbau berüchtigt, und immer wieder hört man die schlimmen Geschichten von Verfolgungsjagden und dem abgekarteten Spiel zwischen Dealern und Polizei, das rund um die Provinzhauptstadt Ketama verbreitet sein soll: Männer in Pick-ups, denen jedes Mittel recht ist, um ihr Haschisch an den Mann zu bringen, zwingen ausländische Fahrer zum Halten und zum Kauf; danach schwärzen sie den Fremden bei der nächsten Polizeistation an. So kassieren Polizei und Dealer auf Kosten der Touristen.

Seite 187: Das Rifgebirge beeindruckt durch die Schönheit und Vielfalt seiner Landschaften.

Oben und unten: Hanf ist die Hauptanbaupflanze im Rif.

Rechts: Bauer auf dem Weg zum Markt.

Die Menschen im Rif leben vor allem vom Anbau, Schmuggel und vom Vertrieb des Hanf. Offiziell ist das Rauchen von Haschisch verboten, und offiziell gibt es damit auch keine Probleme. Doch tatsächlich ist das Rifgebirge die viertgrößte Erzeugerregion der Erde. Das hat historische Gründe: Das Rif war immer schon eine schwer zu kontrollierende Region, von der Unruhe ausging. Von hier stammten zum Beispiel Kahina, eine Stammesanführerin und Seherin, die gegen die arabischen Eroberer in die Schlacht zog, und Abdel Krim, der Held der Berber, der gegen die Franzosen kämpfte. Daher sicherte sich König Muhammad V. mit der Duldung des Hanfanbaus in der Zeit nach der Unabhängigkeit das Stillhalten der Rifbewohner. »Bilad es Siba« (Land der Gesetzlosigkeit) wurde dieses Gebiet genannt, und in mancher Hinsicht ist es das bis heute geblieben. Im Rifgebirge herrschen eigene Gesetze. Die Polizei hat wenig Einfluss, und aufseiten des Staates verhindert die Angst vor offener Rebellion ein härteres Durchgreifen. Im Jahr 1992 unterschrieb König Hassan II. jedoch die Konvention der Vereinten Nationen von 1988 zur Drogenbekämpfung und ließ knapp 11000 Drogenhändler verhaften. 1993 kündigte die Regierung schließlich einen Entwicklungsplan an, der dem Rif Stromleitungen, Straßen, Stauseen, Bewässerungsanlagen, Weideland und Obstplantagen bringen sollte. Die Menschen sollten dadurch von Hanf- zu Obstbauern werden. Das Projekt verlief im Sande, und 1,9 Millionen Euro Entwicklungshilfe versickerten in dubiosen Kanälen. Gleichzeitig stieg die Produktion und Ausfuhr des berauschenden Produkts.

Einige Menschen im Rif sind blond. Es gibt hierfür mehrere Erklärungsversuche: Zum Beispiel, dass Berber und Germanen einen gemeinsamen Ursprung haben oder dass dies auf jahrhundertelange Vermischung der Völker im Mittelmeerraum zurückzuführen ist. Bewiesen ist keine der Thesen.

Landschaft im Tal des Oued Laou.

Links: Der Esel ist noch immer das wichtigste Fortbewegungsmittel auf dem Land.

Oben: Am Strand von Dalia haben Familien aus Tanger ihre Ferienwohnungen gebaut.

Links: Es sind vor allem Jungen, die nachmittags im Meer baden.

Rechts: Vom Dorf Ras Tarf hat man eine gute Sicht zum nur dreißig Kilometer entfernten Spanien.

Seite 194/195: Heimkehrende Fischer in der Bucht von Kala Iris.

بقالة المواد الغذائية

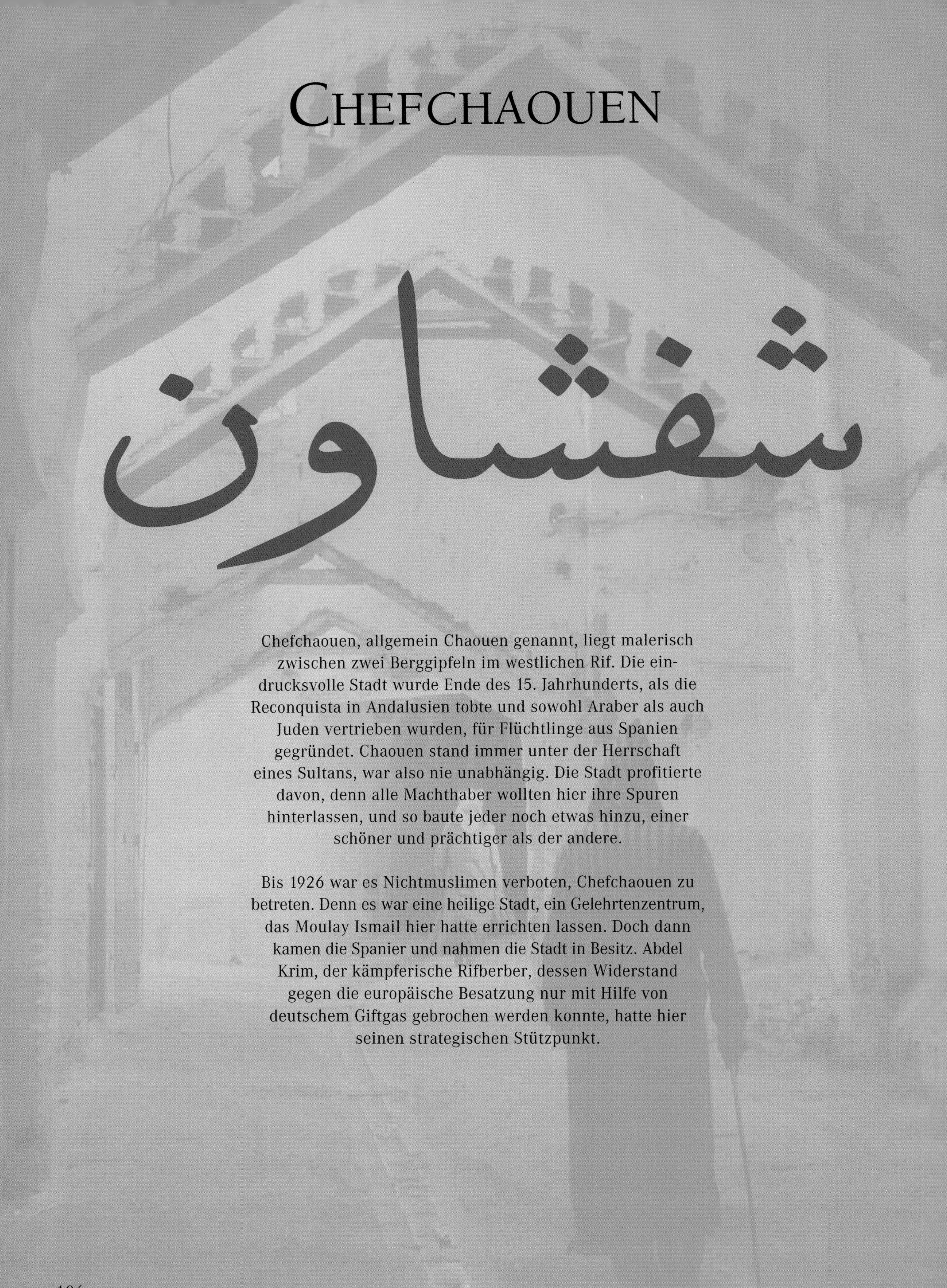

CHEFCHAOUEN

شفشاون

Chefchaouen, allgemein Chaouen genannt, liegt malerisch zwischen zwei Berggipfeln im westlichen Rif. Die eindrucksvolle Stadt wurde Ende des 15. Jahrhunderts, als die Reconquista in Andalusien tobte und sowohl Araber als auch Juden vertrieben wurden, für Flüchtlinge aus Spanien gegründet. Chaouen stand immer unter der Herrschaft eines Sultans, war also nie unabhängig. Die Stadt profitierte davon, denn alle Machthaber wollten hier ihre Spuren hinterlassen, und so baute jeder noch etwas hinzu, einer schöner und prächtiger als der andere.

Bis 1926 war es Nichtmuslimen verboten, Chefchaouen zu betreten. Denn es war eine heilige Stadt, ein Gelehrtenzentrum, das Moulay Ismail hier hatte errichten lassen. Doch dann kamen die Spanier und nahmen die Stadt in Besitz. Abdel Krim, der kämpferische Rifberber, dessen Widerstand gegen die europäische Besatzung nur mit Hilfe von deutschem Giftgas gebrochen werden konnte, hatte hier seinen strategischen Stützpunkt.

Sanft schmiegt sich Chefchaouen an einen Hang. Enge Gassen durchziehen die pittoreske Altstadt; die Häuser sind weiß getüncht, Türen und Treppen in Blau gehalten. Die meisten Einwohner tragen eine Djellabah, das traditionelle Kapuzengewand. Während im restlichen Marokko die Kapuze fast ausschließlich der Zierde dient, wird sie hier auf dem Kopf getragen.

Omar lebt schon viele Jahre in Chaouen. Ganz selbstverständlich ist das nicht, hat es ihn doch von sehr weit her ins Rifgebirge verschlagen. Er ist mit einer Marokkanerin verheiratet und hat seinen deutschen Namen aufgegeben, als er hierher zog. »Es war einfacher so«, sagt Omar. Und wie fühlt er sich in dieser Stadt, die so lange für Nichtmuslime verschlossen war und in die Europäer einst so viel Leid brachten? Omar denkt nach. Er selbst lebt so sehr innerhalb dieser Gesellschaft, dass er sich nicht mehr vorstellen kann, wie es ist, als Fremder hierher zu kommen. Ihn haben die Bewohner als einen der ihren aufgenommen. Hat Omar das Geheimnis Marokkos gefunden? Was genau hat ihn an diesem Land so in Bann geschlagen, dass er seine deutsche Identität aufgegeben hat, um hier zu bleiben? Omar lächelt. Nein, er weiß es nicht. Er kann es nicht sagen. Er weiß nur, dass ihn Marokko nicht mehr loslässt. »Am Anfang war dieses Land ein Traum aus Tausendundeiner Nacht. Dann wachte ich auf und hatte die Chance, es mit unverschleierten Augen zu sehen. Und dann blieb ich.«

Seite 197: Die Altstadt von Chefchaouen wird von malerischen Gassen im maurisch-andalusischen Stil durchzogen.

Unten: Seinen Namen erhielt Chefchaouen von den beiden Bergen, die die Stadt flankieren. Sie sahen für die ersten Siedler wie zwei Stierhörner aus (Chaouen).

Rechts: Der Blick von den Bergen auf die Altstadt ist vor allem in den Abendstunden ein besonderes Erlebnis.

Links: In der Medina von Chefchaouen.

Unten: Jeden Morgen bieten Bäuerinnen ihre spärliche Ernte zum Kauf an.

Rechts: Unweit von Chaouen liegt Tetouan mit seinen überdachten Medinagassen. Die Stadt ist ein bedeutendes Verwaltungs- und Wirtschaftszentrum im nördlichen Rifgebirge.

Mythos Tanger

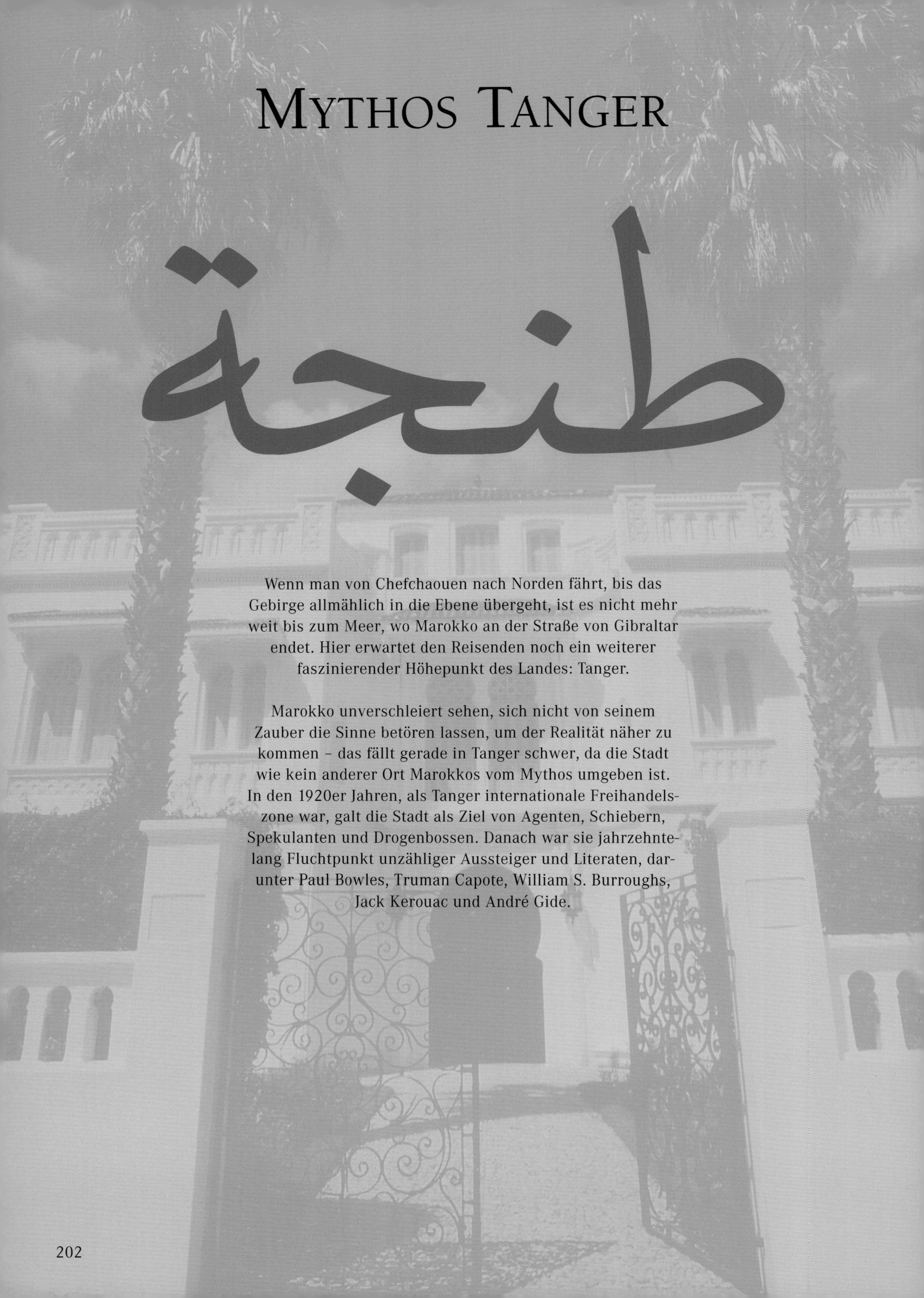

طنجة

Wenn man von Chefchaouen nach Norden fährt, bis das Gebirge allmählich in die Ebene übergeht, ist es nicht mehr weit bis zum Meer, wo Marokko an der Straße von Gibraltar endet. Hier erwartet den Reisenden noch ein weiterer faszinierender Höhepunkt des Landes: Tanger.

Marokko unverschleiert sehen, sich nicht von seinem Zauber die Sinne betören lassen, um der Realität näher zu kommen – das fällt gerade in Tanger schwer, da die Stadt wie kein anderer Ort Marokkos vom Mythos umgeben ist. In den 1920er Jahren, als Tanger internationale Freihandelszone war, galt die Stadt als Ziel von Agenten, Schiebern, Spekulanten und Drogenbossen. Danach war sie jahrzehntelang Fluchtpunkt unzähliger Aussteiger und Literaten, darunter Paul Bowles, Truman Capote, William S. Burroughs, Jack Kerouac und André Gide.

Der Legende nach soll Antäus, der Sohn Poseidons, die Stadt gegründet haben. Einer anderen Überlieferung zufolge hat an dieser Stelle Herkules die Erde geteilt und so die Meerenge von Gibraltar geschaffen.

Sicher ist, dass sich hier einst eine kleine Berbersiedlung befand, die von den Phöniziern zu einem Handelsstützpunkt ausgebaut wurde. Im letzten vorchristlichen Jahrhundert kamen die Römer und machten Tanger zu einem wichtigen Hafen.

429 eroberte der Wandale Geiserich das Handelszentrum, und nach einem byzantinischen Intermezzo ab 534 wurde die »Hohe Stadt«, wie Tanger in der Berbersprache Tamazight heißt, 705 von den Arabern eingenommen, nachdem sie jahrhundertelang ein Spielball verschiedener Mächte, Herrscher und Staaten gewesen war.

Auf die Araber folgten die Fatimiden, dann die Almoraviden, denen die Stadt wiederum von den Almohaden entrissen wurde. Und nach einem kurzen Zwischenspiel der Meriniden kamen die Europäer: 1471 wurde Tanger von den Portugiesen erobert, ging dann 1578 in spanischen Besitz über und wurde 1640 wieder portugiesisch. Als die portugiesische Prinzessin Katharina nach England verheiratet wurde, erhielt sie die Stadt gewissermaßen als Mitgift, und so wurde Tanger 1661 britisch. Das rief den legendären Moulay Ismail auf den Plan, der den Hafen belagern ließ. Doch statt Tanger dadurch für sich zu gewinnen, wurde die Stadt vor allem vom internationalen Handel abgeschnitten, worauf sie mehr und mehr an Bedeutung verlor. Über lange Zeit hinweg fiel Tanger – nun allerdings wieder arabisch – in eine Art Dämmerzustand, was sich erst im 19. Jahrhundert änderte, als sich immer mehr Handel treibende Europäer hier niederließen. 1912 erhielt die Stadt durch den französisch-spanischen Marokkovertrag den Status einer internationalen Zone und wurde 1923 entmilitarisiert. In dieser Zeit erlebte sie einen großen wirtschaftlichen Aufschwung. Nach fünfjähriger Besetzung durch Spanien kam die Hafenstadt 1945 wieder unter internationale Kontrolle. Seit 1956 gehört Tanger zu Marokko, verlor anschließend aber viel von seiner wirtschaftlichen Bedeutung und seinem kosmopolitischen Flair.

Seite 203: Tanger (gesprochen: Tandscha) liegt an einer weiten Bucht im äußersten Nordwesten Afrikas an der Straße von Gibraltar. Diese Lage hat nachhaltig das Schicksal der Stadt geprägt, denn von hier aus ließ sich die Schifffahrt zwischen Mittelmeer und Atlantik am besten kontrollieren.

Links: In den Gassen der Medina von Tanger.

Rechts oben: Die Stadt ist terrassenförmig an einen Hügel gebaut.

Rechts unten: Häuserzeilen aus der Kolonialzeit prägen das Stadtbild von Tanger.

TABACO
ALIMENTATION GENERALE FERTAT
HIJRA TOURS

Links: Leuchtturm am Cap Spartel westlich von Tanger.

Unten: Vom Café Haffa schweift hoffnungsvoll der Blick junger Männer über die Straße von Gibraltar. Viele, vor allem gut ausgebildete Marokkaner, würden gerne nach Europa auswandern.

Rechts: Zwanzig Kilometer westlich von Tanger liegen am Atlantik die Herkulesgrotten. Hier soll der Held der griechischen Mythologie gelebt haben, nachdem er die Meerenge von Gibraltar geschaffen hatte. Blickt man von Innen auf das Meer, so ist deutlich der Umriss Afrikas zu erkennen.

Auch wenn die aufregenden Zeiten, die Tanger seinen geheimnisumwitterten Ruf eingebracht haben, heute vorbei sind, ist hier doch noch das Flair vergangener Tage zu spüren – vor allem, wenn man in einem der legendären Cafés der Altstadt sitzt (während in ganz Marokko immer wieder auch Frauen in den Teehäusern zu sehen sind, ist interessanterweise ausgerechnet in Tanger, wo junge Marokkanerinnen mit kurzen Röcken auf der Corniche flanieren, das Café eine reine Männerdomäne). Noch immer übt die Stadt auf den Besucher ihre ganz eigene Wirkung aus. Man kann sie hassen, man kann sie lieben, und am besten tut man beides zugleich. Die engen Gassen der Altstadt wirken oft etwas unheimlich; lichter und freundlicher sind dagegen die breiteren Straßen, die sich – vorbei an kleinen Märkten und Plätzen, wo sich Café an Café reiht – den Hang hinaufziehen. Einen starken Kontrast zur verwinkelten Altstadt bietet das höher liegende Villenviertel Marshan. Hier logierten Anfang des 20. Jahrhunderts viele reiche Amerikaner, wie etwa die Woolworth-Erbin Barbara Hutton oder der Mediengigant Malcolm Forbes. Sie hinterließen prächtige Anwesen und gaben Stoff für Geschichten ab, die man sich bis heute erzählt.

Im Café Haffa, nicht weit vom Forbes-Anwesen entfernt, sitzt der Gast auf in Fels gehauenen Terrassen. Eukalyptus- und Olivenbäume rahmen das sonst eher schäbig anmutende Café ein; Blumen wuchern rings um die Tische. Hier saß einst Paul Bowles und blickte hinüber nach Spanien. Heute tun dies die jungen Männer von Tanger und träumen von einem vermeintlichen Paradies: Europa. Nur dreißig Kilometer trennen die beiden Welten, doch für die meisten sind diese dreißig Kilometer unüberwindbar.

Mit dem Blick hinüber auf den anderen Kontinent, dem Spiel der Wellen, kleinen Booten, die auf dem Wasser schaukeln, und dem Grün und Blau des Meeres endet unsere Reise. Wir sind kreuz und quer durch das Land gefahren, haben großartige Landschaften gesehen und sind vielen Menschen begegnet. Haben wir auf dieser Reise das »wahre« Marokko gefunden? Sein Geheimnis enträtselt? Wohl nicht. Auch wenn wir dem Land ohne Zweifel viel näher gekommen sind, bleibt es doch ein Geheimnis, und so sehr man sich auch bemüht, es zu erforschen, Marokko wird sich dem Fremden nie ganz enthüllen. In Tahar Ben Jellouns Vorwort zu diesem Bildband heißt es: »Marokko liefert sich nicht aus. Man muss es sich selbst suchen.« Das ist ganz sicher einer der Gründe, die das Land so faszinierend machen. Und wer Marokko verstehen und so erleben möchte, wie es wirklich ist, der muss versuchen, seine Menschen kennen zu lernen. Denn Marokko erschließt sich nur über sie. Man findet seine Seele im Lachen der Kinder, in der Gastfreundschaft der Berber, in den vielen Begegnungen und Gesprächen mit Menschen, die dem Reisenden alle ein Stück ihres Landes offenbaren.

Links: Vom Marabout des Sidi Ahmad Ben Mansour eröffnet sich dieser schöne Blick auf die Medina Asilahs.

Rechts: Larache, die lebhafte Hafenstadt südlich von Tanger.

Zeittafel zur Geschichte Marokkos

10 000-5000 v. Chr.

Die alteingesessene Bevölkerung Nordafrikas (Berber) besiedelt den Maghreb.

1100 v. Chr.

Die Phönizier errichten Handelsstützpunkte entlang der Küsten: Russaddir (heute Melilla) und Lixus (heute Larache).

500 v. Chr.

Die Karthager übernehmen die phönizischen Stützpunkte und erweitern sie. Außerdem gründen sie Tingis (heute Tanger), Rusibis (heute Al-Jadida), Mogador (heute Essaouira) und Chellah (beim heutigen Rabat). Haupthandelsgut ist die Purpurschnecke.

146 v. Chr.

Die Eroberung durch die Römer beendet die Herrschaft Karthagos.

25 v. Chr.-253 n. Chr.

Das nördliche Marokko wird Teil der römischen Provinz Mauretania, die in den ersten Jahren von Juba II., einem in Rom ausgebildeten Berber, regiert wird. Nach vierzig Jahren Regierungszeit wird sein Nachfolger Ptolemäus in Rom ermordet. In der Folge kommt es immer wieder zu Berberaufständen, die der römischen Oberherrschaft schließlich ein Ende setzen, auch wenn die Römer in manchen Gebieten bis zum Wandaleneinfall zumindest nominell die Regierungsgewalt behalten.

5. Jh.

Die Wandalen unter Geiserich durchziehen Nordafrika, erobern 429 Tanger von den Römern und ziehen weiter nach Osten. Nach dem Tod von Geiserich 477 zerfällt das Wandalenreich, und die Berber übernehmen die Macht in den Städten.

622

Übersiedlung (*hedschra*) des Propheten Muhammad von Mekka nach Medina. Mit diesem Ereignis beginnt die islamische Zeitrechnung.

683

Der arabisch-muslimische Feldherr Uqba Ibn Nafi dringt bis Marokko vor und wird getötet, wodurch der erste Versuch der Muslime, in Marokko Fuß zu fassen, scheitert.

693

Musa Ibn an-Nusair, der Neffe des legendären Uqba Ibn Nafi, macht sich auf, den »äußersten Westen« zu erobern, und gewinnt erste Anhänger.

711

Muslime überqueren unter der Führung des Berbers Tariq Ibn Ziyad die Straße von Gibraltar, womit die islamische Eroberung Spaniens beginnt und das maurische Reich seinen Anfang nimmt.

788

Mit dem Idrisidenreich (benannt nach dem Gründer Moulay Idris) entsteht das erste muslimische Reich auf marokkanischem Boden. Auch wenn es auf die Umgebung von Fes begrenzt bleibt, kann es als der Grundstein für den späteren Staat Marokko angesehen werden. Parallel zum Idrisidenstaat entstehen im Tafilalet das Reich Sijilmassa sowie nahe dem heutigen Rabat das Reich Bergawata. Beide Staatswesen haben keinen weitreichenden Einfluss auf die Geschichte Marokkos.

989-1052

In Marokko herrschen die Fatimiden, eine schiitische Dynastie, die den Sturz der in Bagdad regierenden Abbasiden anstrebt. Um auf ihrem

Zug nach Osten die Macht in Marokko zu sichern, setzen sie Vasallenherrscher ein – die Ziriden. Nachdem die Ziriden sich 1052 von den Fatimiden losgesagt haben, schicken diese eine Strafexpedition nach Marokko. Zwei Nomadenstämme aus dem Hedschas sollen die Berber arabisieren und sie den Fatimiden wieder untertan machen, was aber an einem organisierten Berberwiderstand scheitert.

1061-1147

Als Reaktion auf die einfallenden arabischen Nomadenstämme entsteht unter den berberischen Almoraviden (von *al-murabitun*, »die Kriegermönche«), die aus einer streng orthodoxen Bruderschaft hervorgingen, das erste marokkanische Großreich. Die Almoraviden gründen mit Marrakesch, das ihre neue Hauptstadt wird, die erste Berberstadt in Marokko überhaupt. Doch ihr Reich wird aufgrund seiner Größe und einer zentralistischen Machtstruktur schnell instabil und schwach.

1147-1269

Herrschaft der berberischen Almohaden (von *al-muwahidun*, »die sich zur göttlichen Einheit bekennen«). Die Almohaden bilden eine Gegenbewegung zu den Almoraviden, deren Gründer vorwiegend Nomaden waren, was aufseiten der sesshaften Berber Widerstand hervorrief. Während unter den Almoraviden Kultur und Lehre gepflegt wurden, ist die almohadische Zeit zumindest anfangs durch Puritanismus gekennzeichnet. Erst unter Yaqub el Mansour, der von 1184-1199 regiert, kommt es zu einer neuen Blüte. Rabat wird Hauptstadt, und große Teile Spaniens fallen an Marokko. In dieser Zeit entstehen der Hassanturm in Rabat, die Koutoubiya-Moschee in Marrakesch sowie die Giralda in Sevilla.

1269-1420

Im Norden Marokkos regieren die berberischen Meriniden (benannt nach dem Stamm der Banu Merin, den Begründern dieser Dynastie). Ihre Machtübernahme bedeutet auf längere Sicht auch das Ende eines berberischen Großmaghrebs. Auch wenn sie bald nur noch auf lokaler Ebene herrschen, hinterlassen sie imposante Bauwerke und Städte, wie die Nekropole in Chellah (Rabat) oder Fes el Djedid.

1420-1554

Herrschaft der Wattasiden, deren Macht auf Fes beschränkt bleibt. Der Wattasidenklan war den Meriniden über Jahre hinweg treu ergeben gewesen, hatte sich dann aber von ihnen losgesagt.

1471-1505

Eroberung der marokkanischen Küstenstädte durch die Portugiesen, die 1471 mit Tanger beginnt und 1505 mit Agadir endet.

1492

Nach der Eroberung Granadas durch die Spanier flüchten viele Muslime und Juden nach Nordafrika. In der Folgezeit kommt es zu einer kulturellen Blüte in den Städten des marokkanischen Nordens, vor allem in Fes und Chefchaouen.

1554-1660

Herrschaft der arabischen Saaditen (Saadier) in Marokko. Nachdem sie bereits seit 1520 den südlichen Karawanenhandel unter ihrer Kontrolle haben und mit dem so erworbenen Reichtum europäische Waffen kaufen können, gelingt es ihnen 1541, die Portugiesen aus Agadir zu vertreiben. 1549 nehmen sie Fes ein, fünf Jahre später Marrakesch, womit ihre Herrschaft über Marokko beginnt. Das Reich erlebt seine größte Ausdehnung überhaupt und erstreckt sich auch über große Teile Westafrikas. 1591 wird Timbuktu erobert und Tausende von Sklaven werden nach Marokko deportiert. In den späteren Jahren schwächen Erbfolgestreitigkeiten das Reich, was den nach der Macht greifenden Alawiden den Weg ebnet.

1660

Machtübernahme der bis heute herrschenden Alawiden. Auch sie sind Scherifen, also direkte Nachkommen des Propheten Muhammad, worauf sie ihre Legitimation gründen. Die Alawiden verlegen die Hauptstadt wieder nach Fes, aber während ihrer Regierungszeit kommt es jahrhundertelang zu heftigen Auseinandersetzungen mit verschiedenen Stämmen, die ihre Unabhängigkeit wahren wollen. Phasenweise beschränkt sich der tatsächliche Machtbereich der Alawiden nur auf wenige Städte.

Zeittafel zur Geschichte Marokkos

1672-1727

Regierungszeit von Moulay Ismail, dem »Sonnenkönig« Marokkos.

ab 1800

Europäische Mächte versuchen in zunehmendem Maße, in Marokko Fuß zu fassen, was auf massiven Widerstand vonseiten der Berber stößt. Nach einer Niederlage gegen Spanien 1859 muss Marokko Gebietsteile an die Spanier abtreten.

1907

Frankreich besetzt Casablanca und baut den Hafen aus.

1911

Frankreich besetzt Fes, und Spanien annektiert die Nordküste.

1912

Marokko wird zum französischen Protektorat, und Spanien tritt seine Ländereien bis auf wenige Gebiete (wie Melilla, Ceuta und die Westsahara) an Frankreich ab. Tanger wird internationale Zone.

1921-1926

Aufstand der unter Abdel Krim im Rifgebirge gegen die europäische Herrschaft kämpfenden Berber, die die meisten nördlichen Städte (wie Chefchaouen und Tetouan) besetzt halten und 1921 die Rifrepublik proklamieren. Erst mit Hilfe deutschen Giftgases kann der Widerstand gebrochen werden. Abdel Krim muss Marokko verlassen und ins Exil gehen.

1930

Die Franzosen verabschieden das so genannte »Dahir«, das für die Berber eine andere Rechtsprechung vorsieht als für die Araber. Damit provozieren sie eine organisierte Widerstandsbewegung von Arabern und Berbern, aus der schließlich die erste Unabhängigkeitspartei Marokkos hervorgeht, die PNRR (Partie Nationale pour la Réalisation des Reformes). Ihre Gründer werden des Landes verwiesen.

1944

Ehemalige PNRR-Aktivisten gründen mit der Istiqlal eine weitere Partei, die für die Unabhängigkeit Marokkos eintritt.

1945

Auch nach Ende des Zweiten Weltkriegs bleiben die Franzosen im Land, was den einst als »Marionettensultan« von den Franzosen auf den Thron gesetzten Muhammad V. veranlasst, sich aktiv für die Unabhängigkeit des Landes zu engagieren.

1953

Muhammad V. wird ins Exil verbannt. Als Folge wird die Nationale Befreiungsarmee gegründet.

1955

Demonstrationen und Volksaufstände erzwingen ein Umdenken in der französischen Haltung gegenüber Marokko.

2. März 1956

Marokko wird unabhängig, und Muhammad V. kehrt aus dem Exil zurück. Der einstige Sultan wird König und Marokko somit eine Monarchie.

1956

Tanger wird an Marokko übergeben. Die Westsahara, Ceuta und Melilla bleiben spanisch. Ein Truppenabzug bis 1961 wird vereinbart und später auch eingehalten.

1957

Beginn der Befreiungskämpfe um die Westsahara und die anderen von Spanien verwalteten Regionen.

1960

Erdbebenkatastrophe in Agadir. Die gesamte Stadt wird zerstört, und etwa 15 000 Menschen kommen ums Leben.

1961

Nach dem Tod von Muhammad V. besteigt sein Sohn Hassan II. den Thron.

1969

Spanien gibt die Enklave Ifni im Süden des Landes an Marokko zurück.

1973

Gründung der Befreiungsorganisation POLISARIO, die für einen unabhängigen Staat in der Westsahara kämpft.

1975

Der »Grüne Marsch« zur Besetzung der Westsahara.

1976

Nach dem Abzug der spanischen Truppen proklamiert die POLISARIO die Demokratische Arabische Republik Sahara.

1979

Mauretanien verzichtet auf den ihm zugesprochenen südlichen Teil der Westsahara, der daraufhin ebenfalls von Marokko besetzt wird.

1981

Hassan II. stimmt einem Referendum zur Zukunft der Westsahara zu. Die Unabhängigkeitsbestrebungen der Sahrauis werden von Marokko mit strengen Strafmaßnahmen unterdrückt.

1984

Aufgrund von Brotpreiserhöhungen kommt es zu Massenprotesten. Durch Rücknahme der staatlich angeordneten Maßnahme können diese so genannten »Brotunruhen« gerade noch unter Kontrolle gehalten werden.

1991

Waffenstillstandsabkommen in der Westsahara mit der POLISARIO.

1993

Bei Parlamentswahlen werden zum ersten Mal zwei Frauen ins Parlament gewählt.

1999

Am 23. Juli stirbt Hassan II. Sein Sohn Muhammad VI. übernimmt die Macht.

2000

Der letzte politische Gefangene, Scheich Yassin, wird im Rahmen einer Amnestie freigelassen.

2003

Eine Familienrechtsreform bringt die Gleichberechtigung für Frauen.

Mai 2003

Bei Bombenanschlägen auf verschiedene Ziele in Casablanca sterben 42 Menschen. Daraufhin tritt ein neues Antiterrorgesetz in Kraft. Die vier Hauptverantwortlichen der Anschläge werden hingerichtet, 39 weitere zu lebenslanger Haft verurteilt.

Mai 2005

Blutige Unruhen in der Westsahara. Nach Angaben der Befreiungsorganisation POLISARIO wurden mehr als einhundert Demonstranten verletzt und Dutzende Sahrauis von der marokkanischen Polizei festgenommen. Solange das Referendumsproblem nicht gelöst ist, scheint ein Ende des Westsaharakonflikts nicht absehbar.

Zeittafel zur Geschichte Marokkos

Muhammad V. (1956-1961)

Muhammad V., der während des Exils zu einem nationalen Symbol des antikolonialen Kampfes geworden war, kehrte 1956 als ein von allen Parteien, politischen Gruppierungen und Bevölkerungsteilen akzeptierter religiöser und weltlicher Führer ins Land zurück.

König Muhammad V.

In seiner ersten Thronrede kündigte er die Errichtung einer konstitutionellen Monarchie an, in deren Rahmen jeder Marokkaner, unabhängig von seiner Religion, alle Bürgerrechte in Anspruch nehmen sollte. Realisiert hat er dies allerdings nie. Des Weiteren setzte er eine Übergangsregierung ein, welche die Gründung eines marokkanischen Staates organisieren sollte. In dieser ersten Regierung kam der Unabhängigkeitspartei Istiqlal eine entscheidende Funktion zu.

Vor allem war es wichtig, den Status Tangers und der von Spanien verwalteten Zonen zu klären. Als Ergebnis der Verhandlungen gewährte auch Spanien dem Land am 4. April 1956 die formale Unabhängigkeit und trat die meisten seiner Protektoratsgebiete an Marokko ab; es behielt jedoch die Enklaven Ceuta, Melilla und Ifni, die Region Tarfaya sowie die Westsahara. Ebenso wie Frankreich wollte Spanien zudem ein großes Truppenkontingent in Marokko zurücklassen.

Doch nicht nur in der Außenpolitik war der neue König gefordert. Unbeeindruckt vom Charisma ihres weltlichen wie religiösen Herrschers weigerten sich Guerillagruppen und Aktivisten der marokkanischen Befreiungsarmee, ihre Waffen abzugeben oder in die nationale Armee einzutreten. Grund für diese Weigerung war der Anspruch einiger Armeeführer, so lange zu kämpfen, bis ganz Nordafrika unabhängig sei – was Muhammad V. nicht zuletzt gegenüber Frankreich in eine schwierige Position brachte. Auch Rebellionen, vor allem die der Berber im Rifgebirge, belasteten die ersten Herrschaftsjahre des Königs. Die Rifrebellen forderten den sofortigen Abzug aller ausländischen Truppen, ein Volksparlament unter der Oberaufsicht des Königs, die Neuorganisation des Justizwesens, die Beteiligung der Rifberber an wichtigen politischen Positionen, Steuervergünstigungen, eine Förderung des Erziehungswesens, besonders im Rifgebirge, und die Abschaffung der Arbeitslosigkeit. An erster Stelle aber stand die Forderung nach Rückkehr Abdel Krims, ihres Helden der Kolonialzeit, der noch immer im ägyptischen Exil lebte.

Obwohl sich der Berberaufstand also eindeutig nicht gegen den König richtete, sandte Muhammad V. eine gut ausgerüstete Armee in die Unruheregion, um die Aufständischen niederzuschlagen. Der damalige Kronprinz Hassan II. kommandierte die Truppen und verzeichnete im Januar 1959 einen entscheidenden Sieg.
Als Konsequenz aus diesen Gefährdungen des jungen Staatswesens beschnitt der König die Macht der Istiqlal und setzte dem noch an die Zeit der französischen Protektoratsherrschaft angelehnten Regierungsmodell ein Ende. Den Paschas und Qaids (lokale Stammesfürsten) wurde ihre Macht entzogen; zudem wurde ein neues Regierungssystem mit mehreren Kammern und Räten eingeführt.

Hassan II. (1961-1999)

Am 3. März 1961 begann die Regierungszeit Hassans II. In seiner ersten Thronrede ließ er verlauten, dass er nicht beabsichtige, im Staat lediglich eine symbolische Funktion zu übernehmen. »Ein König darf alles, nur nicht abdanken«, war sein Leitspruch. Er bekannte sich damit eindeutig zur Fortsetzung der von seinem Vater begonnenen Politik einer starken Monarchie – einen Demokratisierungsprozess hatte er vorerst nicht im Sinn.

Hassan verstand es, sein Ansehen im Volk zu sichern, und ihm wurde eine ähnliche Loyalität entgegengebracht wie zuvor seinem Vater. In der 1962 verabschiedeten ersten marokkanischen Verfassung wurde ihm unter anderem das Recht zur Gesetzgebung, zur Auflösung des Repräsentantenhauses, zur Ernennung der Richter, zur Begnadigung sowie zur Kriegserklärung und zum Friedensschluss eingeräumt. Damit war er der unumschränkte Herrscher Marokkos. Er selbst behauptete, diese Verfassung seinem Volk »geschenkt« zu haben, und sah sich als ein Mittler zwischen Gott und den Menschen.

Als König entging er nur knapp mehreren Attentatsversuchen, denen er sich besonders in der Zeit nach der Verabschiedung einer zweiten Verfassung 1970, die ihm weitere Machtbefugnisse einräumte, ausgesetzt sah.

Von Beginn seiner Herrschaft an griff Hassan hart gegen Oppositionelle durch. Kritiker verschwanden in Gefängnissen, Gegner wurden kurzerhand zum Tode verurteilt. Unnachgiebig zeigte er sich auch in seiner Westsaharapolitik.

Seine Haltung gegenüber dem Westen fand hingegen von vielen Seiten Anerkennung: »Ein Baum, der seine Wurzeln in Afrika hat und seine Äste nach Europa ausstreckt« – so beschrieb Hassan II. einst sich und seine Politik. Die europäischen Machthaber sahen das ähnlich, lobten die Außenpolitik des nordafrikanischen Landes und nahmen die im Innern stattfindenden Menschenrechtsverletzungen und die Ausbeutung des

König Hassan II. im Alter von etwa 28 Jahren.

Volkes hin. Nach dem Motto »Hassan oder das Chaos« wurde dieses Schweigen gerechtfertigt.

Im August 1984 überraschte und verärgerte der König viele westliche Regierungen, als er ein Abkommen mit Libyens Staatschef Gaddafi schloss und es durch einen Volksentscheid annehmen ließ. So erreichte Marokko eine Beendigung der libyschen Unterstützung für die POLISARIO, die gegen die marokkanische Besetzung der Westsahara kämpfte. Auch durch heftige Kritik von arabischer Seite ließ sich Hassan zudem nicht davon abhalten, als Vermittler im Nahostkonflikt aufzutreten. Die bis dahin meist geheim gehaltenen Kontakte mit Israel wurden 1994 auf unterster diplomatischer Ebene formalisiert und sind während seiner Regierungszeit weiter intensiviert worden.

Muhammad VI. (seit 1999)

Bis heute beanspruchen Marokkos Könige nicht nur die politische, sondern auch die religiöse Macht für sich. »Amir al-muminin« (Befehlshaber der Gläubigen) nennen sie sich und berufen sich darauf, dass ihnen diese politisch-religiöse »islamische Pflicht«, wie es Hassan II. einmal nannte, durch die direkte Nachkommenschaft des Propheten »auferlegt« sei. Die Religion wird so politisiert, politisches Handeln zugleich in einen heilsgeschichtlichen Kontext gestellt und ist damit unangreifbar. Als Amir al-muminin gilt Marokkos Herrscher – ebenso wie die frühislamischen Kalifen, denen dieser Titel eigentlich zugedacht war – als Statthalter Gottes auf Erden. Und so steht es auch in der marokkanischen Verfassung: Der König ist unantastbar und heilig (Artikel 23). Das ermächtigt ihn dazu, Regierungschefs und Richter zu ernennen, das Parlament aufzulösen und Wahlen anzusetzen. Doch während Hassan II. reichlich von diesen Vorrechten Gebrauch machte, sucht der junge König Muhammad Wege in die Demokratie. Er lässt freie Wahlen zu, hat viele Einschränkungen der Pressefreiheit beseitigt und mischt sich kaum in Fragen der Ämterbesetzung ein.

Mit Muhammad VI. begann in Marokko der Demokratisierungsprozess, und diese Ansicht wird nicht nur von den Menschen auf der Straße, sondern auch von der intellektuellen Elite des Landes geteilt. Fatima Mernissi, die bekannte Frauenrechtlerin und Professorin für Soziologie, stellt fest: »Wir spüren, dass wir für ihn nicht einfach nur Untertanen sind, die alles akzeptieren müssen, was von oben kommt, sondern dass wir als Bürger ernst genommen werden.«

Nur acht Tage nach seinem Amtsantritt 1999 entlässt Muhammad VI. unter dem Jubel der Angehörigen achttausend zumeist politische Häftlinge und erwirkt Strafminderungen für weitere 36 000 Gefängnisinsassen. Es ist der größte Gnadenerlass in der Geschichte Marokkos. In seiner ersten Thronrede verspricht Muhammad VI. die von seinem Vater noch abgelehnte Einführung der konstitutionellen

König Muhammad VI.

Monarchie sowie die Achtung der Menschenrechte und der politischen Vielfalt. Besuche in den Armenvierteln oder von Behinderteneinrichtungen, Armenspeisungen während des Ramadan, der Empfang von ehemaligen politischen Gefangenen und vor allem die Erlaubnis, des Landes verwiesene Oppositionelle zurückkehren zu lassen, zeigen, dass die demokratische Entwicklung für Muhammad kein bloßes Lippenbekenntnis ist. Doch ein solcher Wandel vollzieht sich nur langsam, und gewachsene Machtstrukturen können nicht von heute auf morgen abgebaut werden. Die Korruption wird zwar bekämpft, doch ist auch sie nicht über Nacht abzuschaffen.

Der Weg zur Demokratie ist ein beständiger Prozess, dessen Erfolg nicht allein von den Herrschenden abhängt. Solange einflussreiche Führungspersonen, die von undemokratischen Zuständen profitieren, in Machtpositionen sitzen, ist der Kampf eines Einzelnen ein Kampf gegen Windmühlen. Dennoch erwarten sich die Demokraten Marokkos von Muhammad VI. weitreichende politische Reformen.

Die Westsaharafrage

Seit mehr als vierzig Jahren ist der völkerrechtliche Status der Westsahara umstritten. Nachdem die Vereinten Nationen die damalige spanische Kolonie bereits 1961 für unabhängig erklärt hatten, nutzte Marokko vierzehn Jahre später das Ende des Franco-Regimes zur Besetzung des Territoriums. Im Zuge des legendären »Grünen Marschs« ließ Hassan II. am 6. November 1975 ein Heer von 350 000 unbewaffneten Marokkanern die Grenze bei Tarfaya überqueren. Die spanischen Truppen wollten nicht auf wehrlose Menschen schießen und räumten das Feld. Doch die rund 200 000 Bewohner der Westsahara, die überwiegend als Nomaden lebenden Sahrauis, wollten die Unabhängigkeit und organisierten mit Hilfe der 1973 gegründeten und von Algerien unterstützen POLISARO (Volksfront für die Befreiung von Sagia el-Hamra und Rio de Oro) einen bewaffneten Widerstand, der alsbald zu einem offenen Krieg führte. Erst 1991 führte ein Waffenstillstand zum Ende der bewaffneten Auseinandersetzung. Es wurde vereinbart, dass ein Referendum unter der Schirmherrschaft der Vereinten Nationen den endgültigen Status des Landes klären sollte. Doch das Referendum wurde bis heute nicht durchgeführt, und es wird von Jahr zu Jahr weiter verschoben. Nach wie vor ist umstritten, wer überhaupt wahlberechtigt sein soll.

Das marokkanische Königshaus begründet seinen Anspruch auf die Westsahara mit historischen Argumenten. Daneben spielen aber auch handfeste geostrategische und wirtschaftliche Interessen eine Rolle, wie etwa die großen Phosphatvorkommen des Gebiets (die Marokko zum größten Phosphorexporteur der Welt gemacht haben und die der Westsahara die wirtschaftliche Unabhängigkeit garantieren würden) sowie die reichen Fischgründe vor der Küste. Während rund die Hälfte der ursprünglichen Bevölkerung des Landes noch heute in Algerien in Lagern lebt, hat Marokko Unsummen in die Infrastruktur investiert, um in der neuen Provinz Zehntausende Marokkaner anzusiedeln, denen dort höhere Löhne und ein zollfreier Status winken.

Demonstration von Sahrauis für einen eigenen Staat in der Westsahara.

Ob es unter diesen Bedingungen jemals zu einem Referendum kommt, erscheint heute fraglicher denn je. Die Unabhängigkeitsbestrebungen der Sahrauis werden von Marokko mit strengen Strafmaßnahmen unterdrückt.

Glossar

Abbasiden: Kalifendynastie in Bagdad (750-1258)

Abu: (arabisch) Vater, Vater von...

Adrar: (berberisch) Berg, Gebirge

Agadir: (berberisch) Speicherburg

Ait: (berberisch) Stamm, Leute von...

Alawi: ein Familienzweig des Propheten Muhammad

Alawiden: seit 1660 in Marokko regierende Dynastie

Alim, Plural Ulama: religiöser Gelehrter

Almohaden: marokkanische Berberdynastie (1147-1269)

Almoraviden: marokkanische Berberdynastie (1061-1147)

Amazighin/Imazighin: (berberisch) »freie Menschen«, Eigennamen der Berber

Bab: Tor

Banu: arabisches Pendant zu Ait

Baraka: segensreiche Kraft, die von einem Heiligen ausgeht

Ben/Ibn: Sohn des...

Berber: Bevölkerungsgruppe Marokkos nichtarabischen Ursprungs

Dhikr: rituelles Gottgedenken, oft durch eine permanente Wiederholung des Glaubensbekenntnisses

Dirham: Währungseinheit Marokkos

Djabal: Berg

Djema: Platz

Douar: Dorf

Erg: Sandwüste

Fantasia: Reiterspiele

Fassi: Bewohner von Fes

Fatimiden: islamische Dynastie, die sich im 9. Jahrhundert in Nordafrika etablierte

Gnaoua (Gnawa): mystische Bruderschaft von Schwarzen in Marokko, die vor allem für ihre Musik bekannt ist

Hadith: die Worte des Propheten, Berichte über seine Handlungen

Hadsch: die zu den fünf Pfeilern des Islam zählende Pilgerreise nach Mekka; jeder Gläubige sollte einmal in seinem Leben nach Mekka gepilgert sein

Hammam: orientalisches Dampfbad

Haratin: von ehemaligen Sklaven abstammende Volksgruppe in Marokko

Hedschra (auch Hidjra): die Übersiedlung des Propheten Muhammad von Mekka nach Medina 622 n. Chr., mit der die islamische Zeitrechnung beginnt

Hidjab: der Schleier der Frau

Igherm: (berberisch) ummauerte Stadt

Imam, Plural Aimma: arabisch »Vorbeter« in der Moschee; ein Imam kann auch ein politischer oder religiöser Anführer sein; bei den Schiiten sind mit Aimma die Nachfolger des Propheten Muhammad gemeint

Kasbah: arabischer Name für Timghrent, Lehmburg

Ksar, Plural Ksur: befestigtes Lehmdorf

Madrasa: Koranschule

Maghreb: arabischer Begriff für »Westen«; Bezeichnung für den westlichen Teil der arabischen Welt mit den Ländern Marokko, Tunesien und Algerien

Marabout: heiliger Mann oder dessen Grab

Medina: der innere ummauerte Teil nordafrikanischer Städte; im allgemeinen die Altstadt

Mellah: das jüdische Viertel einer Stadt

Meriniden: marokkanische Berberdynastie (1269-1420)

Moulay: Titel für Heilige oder Scherifen

Moussem: jahrmarktähnliches religiöses Fest zu Ehren eines Lokalheiligen

Muwallad, Plural Muwalladun: Araber gemischter Herkunft

Omaijaden: die erste islamische Kalifendynastie (661-750)

Oued (auch Wadi): Tal oder Oase

Ouled: Söhne von...

Qadi (auch Kadi): Titel für einen islamischen Richter

Qibla: die Gebetsrichtung der Muslime nach Mekka

Ramadan: der neunte islamische Monat; Fastenmonat

Ribat: Wehrkloster

Saaditen (Saadier): arabische Dynastie in Marokko (1554-1660)

Saum: das Fasten im Monat Ramadan

Scharia: die islamische Rechtsprechung

Scheich: religiöser Lehrer

Scherif: die Scherifen sind die direkten Nachfahren des Propheten Muhammad über die Kinder seiner Tochter Fatima

Schiiten: Richtung des Islam, die nur Muhammads Cousin und Schwiegersohn Ali sowie dessen Nachkommen als rechtmäßige Prophetennachfolger anerkennen

Sidi/Lalla: Titel für Ältere und andere ehrwürdige Menschen sowie für Heilige

Sufismus: die islamische Mystik

Sunna: die für alle Muslime maßgebenden »Gewohnheiten« des Propheten

Sunniten: die Anhänger der Sunna; Hauptrichtung des Islam

Suq (auch Souk): Markt (persisch: Bazar)

Sure: Kapitel des Korans

Tajine: in Olivenöl geschmortes Eintopfgericht

Timghrent: (berberisch) Burg, befestigte Anlagen aus Lehm im Süden des Landes

Umma: die islamische Gemeinschaft

Wali: »Freund Gottes«, oft Titel eines islamischen Heiligen

Ziriden: berberische Fürstendynastie

Länderporträt und Karte von Marokko

Lage:
Zwischen dem 28. (mit Westsahara 22.) und 36. nördlichen Breitengrad und dem 1. und 13. (mit Westsahara 17.) westlichen Längengrad. Begrenzung im Norden durch das Mittelmeer, im Süden durch die Sahara, im Westen durch den Atlantik und im Osten durch Algerien.

Größe:
458 730 Quadratkilometer, mit der Westsahara 710 850 Quadratkilometer

Staatsform:
Monarchie mit Muhammad VI. als Staatsoberhaupt

Bevölkerung:
Etwa 29 Millionen Einwohner

Lebenserwartung:
im Durchschnitt 69,5 Jahre

Analphabetenrate:
44 Prozent

Religion:
99 Prozent Muslime, 1 Prozent Juden

Staatssprache:
Arabisch

Landessprachen:
Taschelhit, Tarifit, Tamazight; Französisch wird fast überall verstanden

Währung:
Dirham (ein Dirham = 100 Centimes)

Wichtigste Städte:
Casablanca, Marrakesch, Fes, Meknes, Tanger, Agadir, Rabat

SPANIEN
Mittelmeer
Straße von Gibraltar
Ceuta
Tanger
Tetouan
Chefchaouen
Melilla
Rifgebirge
Volubilis
Moulay Idris
Fes
Sale
RABAT
Casablanca
Meknes
Sefrou
Mittlerer Atlas
Sahara-Atlas
Imilchil
Msemrir
Straße der Kasbahs
Dades-tal
Tafilalet
Erg Chebbi
Marrakesch
Hoher Atlas
Ouarzazate
Timidarte
Tansikht
Dratal
Taroudant
Anti-Atlas
Tafraoute
ALGERIEN
Sahara
MAROKKO
Fluss
Straße
Eisenbahn
Grenze
0 50 100 150 200 km
N
W
E
S

Bibliographie und Webguide

Assaraf, Robert: Mohammed V et les Juifs du Maroc. Casablanca 1997.

Becha, Gerd: Das Pentagramm. Symbolik in Marokko. Hamburg 1989.

Ben Jelloun, Tahar: Sohn ihres Vaters. Berlin 1986.

Ben Jelloun, Tahar: Die Nacht der Unschuld. Berlin 1988.

Ben Jelloun, Tahar: Papa, was ist der Islam? Gespräch mit meinen Kindern. Berlin 2002.

Bencherifa, Abdellatif/Popp, Herbert (Hg.): Le Maroc – Espace et société. Passau 1990.

Brunswig, Muriel: KulturSchock Marokko. Bielefeld 2002.

Bukhari, Sahih al-: Nachrichten von Taten und Aussprüchen des Propheten Muhammad. Stuttgart 1991.

Choukri, Mohammed: Das nackte Brot. München 1992.

Choukri, Mohammed: Zoco Chico. Berlin 1998.

Chraibi, Driss: Die Zivilisation, Mutter! Zürich 1982.

Courtney-Clarke, Margaret: Die Berberfrauen. Kunst und Kultur in Nordafrika. München 1997.

Ende, Werner/Steinbach, Udo (Hg.): Der Islam in der Gegenwart. München 1991.

Faath, Sigrid: Marokko – Die innen- und außenpolitische Situation seit der Unabhängigkeit. Hamburg 1987.

Geertz, Clifford: Religiöse Entwicklungen im Islam. Beobachtet in Marokko und Indonesien. Frankfurt 1991.

Haarmann, Ulrich (Hg.): Geschichte der arabischen Welt. München 1987.

Hegasy, Sonja: Staat, Öffentlichkeit und Zivilgesellschaft in Marokko. Hamburg 1997.

Heller, Erdmute/Mosbahi, Hassouna: Hinter den Schleiern des Islam. München 1993.

Hentschel, Kornelius: Geister, Magier und Muslime. Dämonenwelt und Geisteraustreibung im Islam. München 1997.

Hughes, Stephen O.: Morocco under King Hassan. London 2002.

Ibn Khaldun: Buch der Beispiele. Die Muqaddima. Leipzig 1992.

Kreiser, Klaus/Diem, Werner/Majer, Hans Georg (Hg.): Lexikon der islamischen Welt. Stuttgart 1974.

Kunz, Rudibert: Giftgas gegen Abd el Krim. Deutschland, Spanien und der Gaskrieg in Spanisch-Marokko, 1922-1927. Freiburg 1990.

Laroui, Abdallah: L'Histoire du Maghreb. Un essai de synthèse. Casablanca 1995.

Mernissi, Fatima: Der Harem in uns. Freiburg 2003.

Mernissi, Fatima: Geschlecht, Ideologie, Islam. München 1991.

Mernissi, Fatima: Der politische Harem. Muhammad und die Frauen. Freiburg 1992.

Mernissi, Fatima: Islam und Demokratie. Die Angst vor der Moderne. Freiburg 2002.

Mrabet, Muhammad: Muhammad und Mina. Frankfurt 2000.

Neumann, Wolfgang: Die Berber – Vielfalt und Einheit einer traditionellen nordafrikanischen Kultur. Köln 1983.

Paret, Rudi: Der Koran. Stuttgart 2004.

Perrault, Gilles: Unser Freund der König. Abgründe einer modernen Despotie. Leipzig/Weimar 1992.

Rössel, Karl: Wind, Sand und (Mercedes-) Sterne. Westsahara: Der vergessene Kampf für die Freiheit. Bad Honnef 1991.

Rotter, Gernot (Hg.): Die Welten des Islam. Neunundzwanzig Vorschläge, das Unvertraute zu verstehen. Frankfurt 1993.

Schimmel, Annemarie: Und Muhammad ist sein Prophet. Düsseldorf 1981.

Schimmel, Annemarie: Mystische Dimensionen des Islam. Köln 1986.

Schimmel, Annemarie: Der Islam. Eine Einführung. Stuttgart 1990.

Schweizer, Gerhard: Die Berber – Volk zwischen Rebellion und Anpassung. Salzburg 1981.

Walther, Wiebke: Die Frau im Islam. Stuttgart 1980.

Watt, William (Hg.): Der Islam. Die Religionen der Menschheit (3 Bände). Stuttgart 1980-1990.

Weiss, Walter M.: Im Labyrinth der Träume und Basare. Marokkanische Mosaiksteine. Wien 2004.

Welte, Frank Maurice: Der Gnawa-Kult. Frankfurt 1990.

Ausschließlich arabische und französische Literatur zum Thema »Frau und Islam« wird in der *Editions Le Fennec* in Casablanca verlegt. Für Reisende mit Interesse an sozialkritischen und frauenspezifischen Themen ist der Verlag mit Einkaufmöglichkeit sicher einen Besuch wert. Man findet ihn am Boulevard d'Anfa (Nr. 89B, App. 30). Ansonsten sind die in der *Editions Le Fennec* erschienenen Bücher in jeder guten marokkanischen Buchhandlung erhältlich.

www.arso.org
Website zur Westsahara

www.cuisine-marocaine.com
Website zur marokkanischen Küche auf Französisch und Englisch

www.deutschmarokkanischegesellschaft.de
Website der Deutsch-Marokkanischen Gesellschaft

www.dmag.eps-bonn.de
Website der Deutsch-Maghrebinischen Gesellschaft

www.g26.ch
Website der Galerie 26; Plattform für Kunst, Kultur und Gesellschaft

www.harissa.com
Website der marokkanischen Juden

www.lessouk.com
Virtueller Souk, auf dem man marokkanisches Kunsthandwerk einkaufen kann

www.maroctunes.com
Website mit Informationen über marokkanische Musik

www.maroczone.de
Website der marokkanischen Gemeinde in Deutschland; alles rund um Marokko: Termine, Politik, Chat etc.

www.marokko-botschaft.de
Marokkanische Botschaft in Berlin

www.marokko.com und www.marokko.net
Sehr informative Websites des Deutsch-Marokkanischen Freundeskreises mit vielen Diskussionsforen und weiterführenden Links; die besten deutschen Websites zu Marokko

www.marokko-portal.de
Vor allem Kunst- und Kulturhinweise rund um Marokko in Europa und Marokko selbst

www.marokkoweb.com
Website über Geschichte und Kultur

www.menara.ma
Infos und Nachrichten über Marokko auf Französisch

www.mincom.gov.ma
Offizielle Website des marokkanischen Informationsministeriums; hier findet sich alles zu Politik, Festen, Feiertagen, Statistiken und vieles andere mehr

www.paritaet.org/bengo/7/gfsv.htm
Website der Gesellschaft der Feunde des Sahrauischen Volkes

www.royalairmaroc.com
Website der marokkanischen Fluggesellschaft Royal Air Maroc

www.statistics.gov.ma
Statistiken und Zahlen zu Marokko auf Französisch

www.tourism-in-morocco.com
Offizielle Website des marokkanischen Tourismusministeriums mit vielen nützlichen Infos

www.tourismus-in-marokko.de
Offizielle Website des marokkanischen Fremdenverkehrsamts in Deutschland mit schönen Fotos

Die Fotografen und Autorin

Sybille Sarnow, geboren 1957 in Konstanz, studierte in Heidelberg Germanistik und Sportwissenschaften. Seit 1995 ist sie freie Lektorin und Journalistin. Neben ihrer Tätigkeit als verantwortliche Redakteurin verschiedener medizinischer Zeitschriften veröffentlicht sie in Buch- und Kalenderverlagen, bei Werbeagenturen sowie in verschiedenen Zeitschriften.

Wolfgang Seelig, geboren 1953 in Heidelberg, studierte in Frankfurt Soziologie. Er ist Fotodesigner und freischaffender Journalist. Neben Text- und Bildbeiträgen in Zeitschriften veröffentlicht er als Fotograf in Kunst-, Buch- und Kalenderverlagen sowie bei Werbeagenturen. Verschiedene Einzel- und Gemeinschaftsausstellungen vor allem im Raum Heidelberg.

Seit Mitte der 1990er Jahre führen Sybille Sarnow und Wolfgang Seelig als Fotografenteam gemeinsame Projekte durch, wie Ausstellungen, Fotoreisen, Reportagen und die Illustration von Büchern. Ihre Arbeitsschwerpunkte liegen hierbei in der Reisefotografie. Während einer ihrer zahlreichen Reisen in den letzten Jahren haben sie ihre gemeinsame Liebe für Marokko und die Sahara entdeckt. Seit 1999 haben sie mehrmals für einige Monate Marokko besucht. Das Foto oben zeigt Sybille Sarnow und Wolfgang Seelig mit Jalil el Hayar in Fes.

Muriel Brunswig-Ibrahim, geboren 1970 in Freiburg, studierte Islamwissenschaft, Ethnologie und Geschichte in Freiburg, Damaskus und Rabat. Seit 1999 arbeitet sie als Reisebuchautorin mit den Spezialgebieten Marokko, Syrien und Ägypten. Sie ist zudem Reiseveranstalterin und Inhaberein der Firma KaravanSerail, die sich auf einen nachhaltigen, sanften Tourismus spezialisiert hat (www.karavanserail.com).

Muriel Brunswig-Ibrahim gilt als anerkannte Marokkoexpertin. Sie ist für verschiedene Gesellschaften als Referentin tätig und Generalsekretärin des Deutsch-Marokkanischen Freundeskreises, ein Verein, der sich den deutsch-marokkanischen Kulturbeziehungen und der Völkerverständigung widmet. Muriel Brunswig-Ibrahim lebt in Ägypten und Deutschland; sie ist verheiratet und hat ein Kind. Buchveröffentlichungen: *KulturSchock Marokko, Marokko, Marokko aktiv, Reisehandbuch Syrien, Travelhandbuch Ägypten.*

Danksagung der Fotografen

Die Fotografen mit ihrem Allradwohnmobil im Hohen Atlas.

Zu allererst möchten wir uns bei den Menschen in Marokko bedanken, ohne deren Gastfreundschaft und das uns entgegengebrachte Vertrauen dieses Buchprojekt nicht möglich gewesen wäre.

Ein besonderer Dank gilt der Autorin Muriel Brunswig-Ibrahim, die uns in gemeinsamen Stunden in ihrer lebendigen Erzählweise Marokko, vor allem seine Kultur und seine Menschen, Stück für Stück näher gebracht hat. Durch ihre Unterstützung wurden uns viele Türen und Herzen geöffnet.

Hussein Achabak aus Timidarte danken wir für die herzliche Gastfreundschaft. Mit ihm führten wir intensive Gespräche in den Oasengärten, auf Märkten oder in seinem gemütlichen Zuhause. Von ihm bekamen wir wertvolle Informationen über den marokkanischen Alltag und die zwischenmenschlichen Beziehungen.

Hassan Ait al Kaid und seine Familie leben in der Kasbah Asslim in Agdz. Ihnen haben wir schöne Momente und Fotomotive aus dem Dratal zu verdanken, bei eindringlichen Rhythmen von Musikern der Umgebung, köstlichen Speisen im Kreise der Familie oder einfach nur beim Teetrinken.

Bei Françoise Thomazo-Crocq, die in Merzouga am Rande des Erg Chebbi das Ksar Sania betreibt, überstanden wir drei heftige Sandstürme. Einige Porträts des Bildbandes sind durch ihre Unterstützung entstanden.

Den Heidelbergern Regina Keil-Sagawe und Helmuth Sagawe danken wir für die Einführung in die Künstlerszene in Essaouira, Felicitas Christ, Inhaberin des Biohotels Lalla Mira in Essaouira, für ihre Vermittlung interessanter Kontakte zu Frauenkooperativen.

Die Firma Unicat Fahrzeugbau in Dettenheim und Erich Christ, Generalvertreter der Firma Bremach aus Raab in Österreich, halfen uns mit Ferndiagnosen und ihrem vorzüglichen Service, wenn wir mal wieder »gestrandet« waren.

Unsere Freunde Heike Günther und Bernd Fallert standen uns in nächtelangen Diasessions bei der Auswahl der Fotos engagiert und beratend zur Seite. Sie und unsere Freunde Anette und Michael Zettel begleiteten uns mental und mit heimatlicher Unterstützung auf unseren Reisen, sei es durch die Nachsendung ausgegangener Diafilme, die Recherche wichtiger Adressen oder das Hüten von Haus und Garten. Ein ganz großes Dankeschön an Euch.

Schließlich geht unser besonderer Dank an den engagierten Verleger Georg Stein und den Grafiker Michael Kleinböhl. Er war es letztendlich, der mit seinem sensiblen grafischen Können und Gespür für unsere Fotos Marokko als großartiges Gesamtpanorama in diesem Bildband entstehen ließ.